당신의 관계는
안녕하십니까?

Healing Contentious Relationships
by Thomas Parr

Copyright ⓒ 2021 by Thomas Parr
Originally published by Reformation Heritage Books
Grand Rapids, MI, USA.

This Korean edition ⓒ 2024 by Word of Life Press, Seoul, Republic of Korea.
Translated and used by permission of Reformation Heritage Books
through rMaeng2, Seoul, Republic of Korea.
All rights reserved.

이 한국어판의 저작권은 알맹2를 통하여
Reformation Heritage Books와 독점 계약한 생명의말씀사에 있습니다.
신저작권법에 의하여 한국 내에서 보호받는 저작물이므로
무단 전재와 무단 복제를 금합니다.

당신의 관계는 안녕하십니까?
ⓒ 생명의말씀사 2024

2024년 4월 25일 1판 1쇄 발행

펴낸이 | 김창영
펴낸곳 | 생명의말씀사

등록 | 1962. 1. 10. No.300-1962-1
주소 | 서울시 종로구 경희궁1길 6 (03176)
전화 | 02)738-6555(본사) · 02)3159-7979(영업)
팩스 | 02)739-3824(본사) · 080-022-8585(영업)

기획편집 | 유영란, 유하은
디자인 | 김혜진
인쇄 | 영진문원
제본 | 보경문화사

ISBN 978-89-04-16874-3 (03230)

저작권자의 허락 없이 이 책의 일부 또는 전체를
무단 복제, 전재, 발췌하면 저작권법에 의해 처벌을 받습니다.

Healing Contentious Relationships

당신의 관계는
안녕하십니까?

토머스 파 지음 | **신지철** 옮김

생명의말씀사

추천사

토머스 파는 깨어진 관계와 그로 인한 상처를 위해 이 시의적절한 목회적 가르침으로 강력한 복음을 전한다. 그는 야고보서 4장의 메시지가 교만과 탐욕, 불신앙의 죄가 만연한 교회에 꼭 필요한 강장제임을 보여 준다.

이 책은 야고보서 4장의 각 구절을 체계적으로 다룬다. 종합적인 성경 연구와 깊이 있는 신학으로 풍성하게 채워져 있고, 각 장마다 더 깊은 묵상을 도와줄 질문을 제공한다.

교만과 다툼이라는 파괴적인 죄와 싸워 승리하고자 하는 이들에게 목회자와 상담자가 사용할 수 있는 훌륭한 자료다.

로버트 빈센트(Robert Vincent)
사우스캐롤라이나 주 그린빌 마운트갈보리침례교회
전도 및 교회 교육 담당 목사

강렬한 인상을 주는 이 책은 성경의 중요한 장인 야고보서 4장에서 우리의 마음을 성찰하는 통찰력을 제공한다.
야고보서의 강력한 권고를 죄인을 향한 하나님의 크신 자비와 복음의 맥락에서 설명한다. 이는 과거의 지혜를 바탕으로 탄탄한 개혁주의 신학에 기반을 둔다.

짐 뉴하이저(Jim Newheiser)
노스캐롤라이나 개혁주의신학교
기독교상담 프로그램 디렉터 겸 기독교상담 및 목회신학 부교수

CONTENTS

추천사 4
머리말 8

CHAPTER 1.
싸움의 원인과 패턴 : **모든 싸움은 교만에서 시작된다**　　　17

CHAPTER 2.
죄로부터 관계 지키기 1 : **죄인임을 인정하라**　　　49

CHAPTER 3.
죄로부터 관계 지키기 2 : **오직 하나님의 은혜로 나아오라**　　　87

CHAPTER 4.
죄로부터 관계 지키기 3 : **겸손히 회개하라**　　　115

CHAPTER 5.
죄로부터 관계 지키기 4 : 슬퍼하고 애통하라　　　　　　　　**145**

CHAPTER 6.
교만 뿌리 뽑기 1 : 하나님의 권위에 도전하지 말라　　　　**171**

CHAPTER 7.
교만 뿌리 뽑기 2 : 자만하지 말라　　　　　　　　　　　　**185**

결론　211
맺는말　224
부록 1 : 싸움과 다툼을 극복하도록 도와주는 성경 구절　232
부록 2 : 복음 중심 갈등 해결 단계 적용하기　236
주　　238

머리말

"교만에서는 다툼만 일어날 뿐이라"(잠 13:10). 잠언의 이 말씀을 잠시 묵상해 보자. 매우 교리적이라는 생각이 들지 않는가? 어떤 사람들은 이 말씀이 싸움의 유일한 원천은 바로 교만이라고 말한다고 해석한다. 다른 사람들은 이 말씀이 교만은 단지 분쟁만 일으킬 뿐임을 알려 준다고 이해한다.

어쨌든 잠언의 그 구절은 교만과 다툼을 매우 밀접하게 연결한다. 간단한 예시를 들어 보자. 당신이 어떤 회의실에 들어가니, 사람들이 서로 나쁜 감정을 품은 채 거친 말을 주고받고 있다. 당신은 그들의 마음속에 도사리고 있는 강한 자만심을 발견할 수 있을 것이다. 이처럼 교만은 다툼, 논쟁과 서로 밀접하게 연결된다.

당신의 친구 관계나 가정, 교회 생활에 갈등과 다툼이 있는가? 당신은 그것이 부당한 교만에서 비롯된다고 기꺼이 받아들이는가? 생각과 습관의 다양한 차이로 말미암은 싸움은 인정할 수 있다고 생각할 수도 있다. 하지만 그렇지 않다. 옳다고 생각하는 것을 굽히지 않고 경건한 삶을 살고자 하는 것은 이해할 수 있지만, 견해 차이로 인해 서로 싸우는 것은 그리스도인에게 어울리는 모습이 아니다. 사도 바울은 디모데에게 이렇게 권면한다. "주의 종은 마땅히 다투지 아니하고 모든 사람에 대하여 온유하며"(딤후 2:24).

다툼(contention)은 경쟁과 싸움, 논쟁 등을 가리킨다. 그래서 잠언의 지혜자는 이렇게 말한다. "다툼을 좋아하는 자는 죄과를 좋아하는 자요"(잠 17:19). 거칠고 잔혹한 태도와 언행에는 정당한 변명이 있을 수 없다. 만일 그것에 대해서 변명할 권리가 있다고 주장한다면, 이는 죄를 옹호하는 것이다. 그러므로 거친 태도와 언행으로부터 다툼이 일어난다고 인정하는 것은 중요하다.

평안과 기쁨이 가득한 삶을 위해서 우리는 싸움과 다툼을 거부하는 견고한 입장을 지녀야 한다. 우리는 기쁨으로 여호와를 섬겨야 한다(시 100:2 참조). 하나님은 우리가 바로 그렇게 하길 원하신다!

2019년, 나는 친구의 일로 법원 심리에 두 번 참석하게 되었다. 친구의 사건이 나오기를 기다리며, 나는 법정에 앉아서 두세 시간 동안 다른 재판을 몇 가지 지켜보았다. 그 과정에서 전부는 아니지만, 소송 사건 대부분이 가정에서의 학대나 폭력과 결부되어 있다는 사실을 알게 되었다.

목사인 나는 지난 몇 해 동안 분노와 싸움으로 결혼 생활에 금이 가고, 가족이 고통에 시달리는 부부를 꽤 보았다. 그들을 도와주려고 애썼지만 나의 다양한 노력은 대체로 효과가 거의 없었다. 그래서 나는 이번에도 그저 성령님의 권능과 하나님의 말씀을 통해서 그 부부들이 삶에서 다시 평안을 얻기를 간절히 바랐다.

오래전부터 나는 종교적 및 세속적인 자료들에서 다음과 같은 소식을 접했다. 곧 가정 내 학대와 폭력은 미국에 전염병처럼 널리 퍼져 있는 문제라는 것이다. 재판을 받기 위해 판사들 앞에 서 있던 부부들을 한 쌍 한 쌍 보는데, 갑자기 이런 생각이 내 머릿속을 스쳤다. '이 짧은 시간 동안 나는 이 문제가 미국 사회에 얼마나 광범위하게 퍼져 있는지에 관한 증거를 목격하고 있구나.'

나는 겉보기에만 후회하는 것 같은 난폭한 남성들의 주장에 별로 공감할 수 없었다. 판사들도 그들을 미심쩍은 눈초리로 바라보는 듯했다. 그때 나는 또 다른 사실을 깨달았다. 부부 싸움을 피하려면 나쁜 본보기도 반드시 피해야 하지만, 쉽게 죄악에 빠지는 자신의 성향도 시인해야 한다는 것이다. 이는 나에게도 적용된다.

우리는 다른 사람들만큼 그렇게 오랜 기간 다투지는 않았을 수 있다. 그렇지만 우리는 모두 육체의 욕심(sinful nature)을 지니고 있다. 그래서 때때로 크고 작은 실수를 한다. 우리의 말도 온전하지 못하다(약 3:2). 그래서 우리 모두는 죄를 이기는 능력을 얻기 위해서 항상 끊임없이 하나님께 간구해야 한다.

이 책을 쓴 목적은 무엇인가? 싸움과 다툼의 문제를 직접 다루는 야고보서 말씀을 통해 통찰력을 제공함으로써 그리스도인들을 돕는 것이다. 놀랍고 감사하게도 예수 그리스도는 이미 교회에 말씀을 주셨고 성령님도 보내 주셨다. 그래서 우리가 하나님 말씀의 지혜와 성령님의 권능으로 죄를 이기게 하셨다(시 119:11; 갈 5:16). 이제 야고보서 4장을 연구하며 여러분 모두 말씀의 지혜로 영혼이 흡족하고, 성령님의 권능으로 죄를 이기는 삶을 살기를 바란다.

야고보서 4장은 싸움과 다툼으로 이끄는 교만과 탐욕, 불신앙에 대한 간략한 해설이다. 우리에게 놀라운 유익을 주는 이 말씀에서 저자 야고보는 다툼과 싸움이 어디에서 오는지 분석한다. 그리고 평안한 삶을 사는 데 꼭 필요한 도움을 준다.

그리스도인이 죄를 극복하는 능력을 얻으려면 하나님의 말씀과 성령 충만이 꼭 필요하다. 이 책은 그 요소들에 대한 지혜를 풍성히 얻기 위해서 야고보서 4장을 진지하게 다룬다. 동시에 그 내용을 복음과 연결한다. 각 장의 맨 마지막에는 몇 가지 질문이 있다. 그 질문들은 야고보서가 제시하는 메시지를 더 깊이 묵상하도록 도와준다(시 1:2 참조). 그리고 부록에는 암송을 위한 주요 성경 구절이 있다(골 3:16 참조).

야고보서 4장은 **매우 실제적이며 구체적인 경험**에 기초한다. 특히 싸움과 다툼의 다양한 원인과 여러 가지 패턴, 해결책에 대해서 다룬다. 싸움과 다툼은 오늘날 사람들의 온갖 관계를 망가트렸다. 야고보서 4장은 이런 우리에게 꼭 필요한 도움을 준다. 곧 그리스도인들이 겸손히 회개하며 하나님 앞으로 나아갈 때, 그리스도 안에서 하나님의 은혜가 그들에게 넘치도록 주어진다는 사실을 알려 준다. 이는 우리에게 **놀라운 소망**이 된다.

그리고 야고보서 4장에는 **대단히 날카로운 영적 통찰력이 있다.** 왜냐하면 인간의 죄성으로부터 다양하게 생겨나는 교만을 파헤치기 때문이다. 그러므로 독자들은 교만이라는 영적인 병이 대인 관계에서의 다툼뿐만 아니라, 그 밖의 다양한 영역에서 어떻게 그 추한 모습을 드러내는지 간파할 수 있다. 이를 통해 야고보서 4장은 우리가 자신의 내면뿐만 아니라, 삶의 다양한 영역에서 교만을 극복하도록 이끌어 준다.

교만은 그리스도인의 내면과 가정, 교회 및 사회생활 등 모든 영역에서 모습을 드러낸다. 때로는 은밀히, 때로는 적나라하게 나타난다. 그러나 신자들은 하나님의 말씀과 성령님의 권능으로 교만을 단호하게 물리칠 수 있다.

당신의 관계는
안녕하십니까?
**Healing Contentious
Relationships**

CHAPTER 01

싸움의 원인과 패턴 :
모든 싸움은 교만에서 시작된다

"너희 중에 싸움이 어디로부터 다툼이 어디로부터 나느냐
너희 지체 중에서 싸우는 정욕으로부터 나는 것이 아니냐
너희는 욕심을 내어도 얻지 못하여 살인하며
시기하여도 능히 취하지 못하므로 다투고 싸우는도다
너희가 얻지 못함은 구하지 아니하기 때문이요 구하여도
받지 못함은 정욕으로 쓰려고 잘못 구하기 때문이라"(약 4:1-3).

야고보는 4장 맨 처음에 나오는 이 말씀에서 세 가지를 다룬다. 첫째, 싸움과 다툼의 원인은 무엇이며 그 책임은 누구에게 있는가에 대해, 야고보는 싸움과 다툼은 자기 자신의 마음에서 비롯된다고 대답한다. 당연한 사실이다. 하지만 이 대답을 받아들이고 믿을

때, 이는 우리에게 엄청난 영향을 미친다. 둘째, 싸움과 다툼의 패턴을 보여 준다. 그 패턴은 싸움과 다툼을 일으키는 위험한 징후를 알아차리는 데 도움이 된다. 곧 어떤 상황이 우리 마음으로부터 싸움과 다툼을 일으키는지 알려 준다. 그래서 이 패턴을 파악하는 일은 유익하다. 셋째, 왜 우리가 바라는 것이 이루어지지 않는지 답한다. 그리고 우리의 기도 생활과 하나님에 대한 우리의 관점이 지닌 문제가 무엇인지 정확하게 지적한다. 야고보서 4장의 이 세 절은 우리에게도 꼭 들어맞는다. 그래서 우리 또한 그 말씀을 저마다 구체적으로 경험할 수 있다.

싸움과 다툼의 원인

야고보는 우리에게 한 가지 중요한 원리를 가르쳐 주면서 4장을 시작한다. 곧 싸움과 다툼을 이해할 때, 외부적 원인을 먼저 찾아서는 안 된다는 것이다. 물론 외부적 원인도 있지만 그것은 싸움의 1차적 원인이 아니다. 근원을 파악하고자 한다면, 반드시 마음의 문제를 살펴봐야 한다. 예수님이 가르쳐 주셨듯이, 악한 것은 마음에서 나오기 때문이다(막 7:21-22). 우리 밖에서 일어나는 싸움은 바로 우리 안에서 일어나는 정욕의 싸움으로부터 생겨난다(약 4:1).

예를 들어, 어떤 결혼한 부부가 자주 싸운다고 하자. 우리는 그들의 다툼이 돈이 부족하거나, 부인이 남편에게 고분고분하지 않거나, 또는 남편이 부인을 지나치게 억압하려고 하는 것과 같은 이유에서 빚어진다고 생각하기 쉽다. 종종 부부들은 가정불화의 주요 원인으로 이런 외적인 상황에 집중한다. 그러나 야고보는 우리가 그 원인을 더 깊숙이 들여다봐야 한다고 말한다.

"너희 중에 싸움이 어디로부터 다툼이 어디로부터 나느냐 너희 지체 중에서 싸우는 정욕으로부터 나는 것이 아니냐"(약 4:1). 야고보는 싸움과 다툼의 원인을 우리의 마음속에서 찾는다. 1절에서 "정욕"(쾌락에 대한 욕망)이라고 번역된 단어는 우리의 생각 속 매우 다양하고 비열한 욕망을 떠올리게 한다. 그렇지만 이 헬라어 명사는 성적으로 부정한 욕망이라는 관점에서 이해할 단어가 아니다. 오히려 단순한 **욕망**(desire)을 뜻한다고 이해할 수 있다. 야고보는 싸움과 다툼이 우리의 욕망이나 갈망에서 비롯된다고 말한다. 근본적으로 우리는 무엇인가를 간절히 원해서, 서로 싸우거나 다툰다.

싸움과 다툼이 욕망으로부터 온다는 사실을 인정하면, 우리의 죄악된 싸움의 궁극적인 원인은 주변 환경이 아니라 우리 자신과 연결된다. 이 사실은 주변 환경이 아니라, 바로 우리 자신에게 잘못이 있다고 나무란다. 그럼 우리는 이렇게 시인할 것이다. "그렇습니다. 저는 소리 질렀습니다. 그것을 간절히 원했기 때문입니다.

저는 그것을 얻지 못할까 봐 두려웠습니다." 이때 보잘것없는 어떤 대상을 원했다는 우리의 잘못이 드러난다. 원인 제공자는 바로 우리 자신이다. 직접적인 원인 제공자로서, 우리는 다른 어떤 대상이 아니라 바로 우리를 나무라야 한다. 그리고 이렇게 말해야 한다. "제 잘못입니다. 이 죄는 제 마음으로부터 나왔습니다."

온갖 싸움과 다툼은 우리 자신에게서 비롯된다. 그 이유는 무엇인가? 우리가 원하는 어떤 것을 지나치게 중요한 것으로 여겨서, 그것을 위해 잘못하는 것도 마다하지 않기 때문이다. 다시 말해서, 우리는 교만하게도 우리의 다양한 욕망을 하나님의 말씀(계명)보다 위에 놓고자 한다. 이 점을 시인하는 것은 우리의 죄를 자백하는 것이다(요일 1:9). 우리는 용서를 받기 위해서 다른 사람이나 다른 대상 또는 환경에 책임을 전가해서는 안 된다. 오히려 우리 자신의 죄를 인정해야 한다. 우리는 우리가 바로 죄의 원인이라는 사실을 시인해야 한다.

사람들은 종종 대인 관계나 교회에서 다툼의 원인을 제공한다. 그러면서 나름대로 온갖 정당성을 제시한다. "똑같은 것인데도 그는 이전처럼 좋아하지 않아요." "그는 저와 거의 말을 하지 않아요." "그녀는 언제나 불평만 늘어놓아요." "그녀는 전혀 만족하지 않아요." "교회에 활기가 없어요." 앞에서 언급한 것들은 외적인 원인이다. 이는 다양한 문제로 이어질 수 있으며, 실제로 문제를 만들기도 한다. 하지만 여기서 중요한 쟁점은 우리가 그 문제에 어떻게 반응하는가다.

예를 들어 보자. 어떤 아내가 남편과 자주 대화하기를 바란다. 그러나 남편은 아내의 기대에 부응하지 않는다. 그때마다 아내는 남편에게 화를 내며 무례한 말을 한다. 남편에게 바라고 기대하는 것 때문에, 결국 아내가 먼저 부부 싸움의 원인을 제공했다.

아내는 남편이 자기에게 말을 하지 않아서 문제가 생겼다고 주장할 수도 있다. 그러나 그 주장은 자기 마음에 지닌 문제를 회피하는 것이다. 남편이 다시 대화를 시작해야 하는 것도 맞지만, 결론적으로 보면 남편과 대화하기를 원한 아내가 남편을 습관적으로 비난한 것이다. 즉 남편에 대한 아내의 기대가 결국 부부 싸움에 원인을 제공했다.

다른 사례를 들어 보자. 어떤 남편이 아내에게 소리를 지른다. 왜냐하면 그의 아내가 불평을 늘어놓기 때문이다. 남편은 아내만이 아니라 자신도 불만이 있다는 것을 아내가 알아야 한다고 생각한다. 그의 입장은 아내가 부부 관계와 가정생활에 만족해야 한다는 것이다. 그러나 부부 사이의 평안을 향한 남편의 열망은 그만 아내에게 험한 말을 하는 원인이 되었다.

만약 남편이 아내가 자신을 화나게 했다고 비난한다면, 그것은 자신의 마음속 본질적인 문제를 무시하는 것이다. 그 문제는 종종 그릇된 언어와 행위로 연결된다. 남편은 무엇인가를 원했지만, 그것을 얻을 수 없다는 단순한 이유로 소리를 질렀다. 이처럼 죄의 근본적인 원인에는 매우 유치한 무엇인가가 있다. 다시 말해 우리는 무엇인가를 부당하게 열망해서 죄를 짓는다.

교회 생활에서도 똑같은 패턴이 나타난다. 우리는 종종 교회 안에서 복음과 복음 전파에 대한 교인들의 열정이 부족하다고 느낄 수 있다. 이 교인은 그것을 느끼고는 다른 교인들에게 거친 말로 자기의 불만을 드러내기 시작했다. 이른바 '교회 안 위선자들'에 대해서 불평을 쏟아 낸 것이다. 그 교인은 예배를 드리려고 앉아 있는 교인들보다 자신이 영적으로 더 우월하다고 생각한다. 그래서 교인들과 논쟁을 일삼는다.

과연 그 교회에 복음과 복음 전파에 대한 관심과 열정이 부족했는가? 그랬을 수도 있다. 그렇지만 그 문제를 비판을 일삼는 기회로 삼는 것은, 상황 개선에 아무런 도움을 주지 못한다.

이 상황은 앞서 언급한 두 사례와 비슷하다. 논란의 원인을 제공한 교인은 다른 교인들이 복음과 복음 전파에 더 많은 관심과 열정을 품기를 기대했다. 그렇지만 그의 열망은 교인들을 향한 비판과 비난의 말로 이어졌다.

이 점에서 야고보의 주장은 옳다. 곧 우리는 무엇인가를 원해서 다투고 싸운다. 아마도 처음에 우리는 좋은 것을 원했을 것이다.

그러나 그것을 얻지 못할 때, 그릇되게 반응했을 것이다. 이는 모두 우리 마음이 하나님보다 자기 자신에게 더 집착하기 때문이다.

모든 죄악은 결국 교만과 탐욕, 불신앙으로 요약할 수 있다. 여기서 야고보는 탐욕에 초점을 맞춘다. 탐욕은 단순히 무엇인가를 지나치게 많이 가지려는 집착이다. 사람들은 그것을 갖기 위해 기어이 하나님께 죄를 짓는다.

이런 지나친 열망은 본질적으로 올바른 신앙에 어긋난다. 왜냐하면 이러한 마음 자세는 우리가 원하는 것을 주시는 하나님을 온전히 신뢰하지 않는 것이기 때문이다. 또한 이와 같은 열망은 하나님 앞에서 자신을 내세워 자기 자신을 높이고자 한다. 이렇듯 우리는 하나님을 신뢰하지 않고 교만하게 자기 자신의 욕망을 드러내서 싸움과 다툼의 원인을 제공한다.

야고보의 논점에 대한 올바른 반응은 문제의 본질을 바르게 이해하고 솔직하게 받아들이는 것이다. 우리는 다툼이나 싸움의 책임을 다른 대상에게 묻고 비난하려 할 때, 반드시 자신의 마음을 먼저 살펴봐야 한다. 만일 거칠고 불친절한 방법으로 말하고 행동한다면 그것은 잘못된 것이다. 우리가 무엇인가를 원했고, 뜻대로 되지 않자, 싸우기를 선택했다. 따라서 우리에게 책임이 있다.

청교도 목회자 토머스 맨튼(Thomas Manton)은 우리는 저마다 마음속에 원수를 데리고 있다며 솔직하고 단호하게 주장했다. 그 원수는 우리 영혼의 아름다움을 훼손하고, 질서를 어지럽히며, 의지를 노예로 삼는다.[1] 그래서 우리는 책임을 받아들여야 한다. 왜냐하면 싸움과 다툼은 우리 안에서 싸우는 온갖 정욕으로 말미암기 때문이다. 그러므로 우리는 야고보의 지적을 받아들이고 우리 자신을 가리켜 이렇게 솔직히 말해야 한다. "(바로) 당신이 그 사람이라"(삼하 12:7, 괄호는 역자 추가).

싸움과 다툼의 패턴

지금까지 야고보는 싸움과 다툼의 문제가 의심할 여지없이 우리 자신에게, 특별히 우리 마음속 욕망에 있다고 밝혔다. 그리고 이제는 싸움과 다툼의 세 가지 패턴을 분명하게 지적한다. 우리는 그 패턴에 주의를 기울여야 한다. 세밀하게 주의를 기울이면, 유혹에 빠질 수 있는 상황을 잘 분별할 수 있을 것이다.

세 가지 패턴은 단순하다. 첫째, 우리는 무엇인가를 바란다. 둘째, 하지만 우리는 그것을 받지 못한다. 셋째, 그러자 우리는 싸움과 다툼의 원인을 제공한다(약 4:2 참조). 우리가 원하는 것을 언제든지 모두 받았다면, 우리는 싸우거나 다투지 않았을 것이다. 욕망이 성취되지 않을 때, 탐심으로 가득한 우리 마음은 그것에 대해서 항의한다. 그리고 우리는 거친 말로 싸움과 다툼을 일으킨다. 그래서 우리는 채워지지 않는 욕망에 실망하는 순간마다 더욱 신중해야 한다. 왜냐하면 그와 같은 상황은 우리를 쉽게 미혹할 수 있기 때문이다.

패턴을 파악하면 그러한 상황에 놓일 때 바로 알아차릴 수 있을 것이다. 그때 우리는 신중히 생각하고 말하고 처신해야 한다. 이는 맑은 하늘에 갑자기 먹구름이 몰려오면, 곧 비가 내릴 것이라고 알아차리는 것과 비슷하다.

야고보는 이 패턴을 설명하기 위해 자극적인 언어를 사용한다. 그는 어떤 사람이 욕심을 내어도 얻지 못하면, 욕심은 그 사람을 살인 행위로 미혹한다고 말한다. 이렇듯 야고보는 욕심이 빚어내는 부정적인 결과를 극단적으로 강조한다.

하지만 당신은 이제까지 아무도 죽이지 않았기 때문에 야고보의 말에 시큰둥할 수도 있다. 여기서 야고보는 예수님의 산상수훈을 넌지시 가리킨다. 산상수훈을 보면 예수님은 믿음의 형제자매에게 노하는 것을 살인과 연결하신다(마 5:21-22). 진노는 궁극적으로 살인으로 연결될 수 있다는 것이다. 극심한 분노로 말미암아 사람을 죽인 사람은 영원한 심판을 받게 된다.

사실 분노는 살인과 똑같은 무게를 지닌 죄악은 아니다. 따라서 분노를 살인과 동일시하는 것은 올바른 결론이 아니다. 그렇지만 죄악된 마음에서 뿜어 나오는 진노는 끔찍한 결과를 가져올 수 있다. 그 진노는 하나님께 심판을 받을 것이다. 그래서 우리는 진노를 제대로 인식하고, 곧바로 마음속에서 사라지게 해야 한다.

진노의 악한 특성을 강조하기 위해서, 야고보는 진노를 그것이 이끌어 낼 수 있는 가장 극단적이며 부정적인 행위인 살인과 연결한다. 우리는 진노를 반드시 없애버려야 할 위험한 요소로 인식해야 한다. 진노는 언제든지 사악한 행위로 이어질 수 있기 때문이다. 우리는 정말로 진노를 심각한 위험 요인으로 여겨야 한다. 화를 내고 싶은 유혹을 받을 때마다, 우리가 지금 독사를 밟으려는 찰나에 있음을 알아차려야 한다.

다시 한번 정리하면, 욕심이 악한 말과 행위로 이어지는 패턴은 명백하다. 우리는 무엇인가를 간절히 바라지만 그것을 얻지 못할 때 화를 내고 싸움과 다툼의 원인을 제공한다.

여기서 야고보의 가르침은 아주 단도직입적이다. 그래서 우리는 그것이 지닌 다양한 함의를 미처 파악하지 못할 수도 있다. 곧 사람들은 탐심과 지나친 자만심으로 싸움과 다툼의 원인을 제공하지만, 원인 제공자인 그들은 다른 대상에게 책임을 돌리고자 한다는 것이다. 그들은 좀처럼 자신의 잘못을 인정하지 않는다. 오히려 자신의 그릇된 말과 행위를 가져온 상황이나 대상을 비난한다. 당신은 사람들이 다음과 같이 말하는 것을 들어 본 적이 있을 것이다.

"그래요. 제가 화를 냈어요. 하지만 그가 먼저 저를 화나게 했어요!" 또는 "그녀가 저를 죄악에 빠지도록 미혹했어요!" 정말로 어떤 사람이 다른 사람을 걸려 넘어지게 하거나 화를 내도록 몰아갔을 수도 있다. 하지만 우리는 죄를 지었을 때, 자기 바깥의 상황에 관심을 기울이기보다, 오히려 자신의 교만과 탐욕을 시인해야 한다.

상황 원인(circumstantial cause)과 실질 원인(efficient cause)을 서로 구분하는 것은 중요하다. 어떤 행위의 실질 원인은 그 행위를 실제로 일으킨 원인이다. 반면에 상황 원인은 단지 그 행위를 위한 환경을 제공할 뿐이다.

청교도 목회자 토머스 굿윈(Thomas Goodwin)은 두 원인을 구별하는 한 가지 실례를 제시했다. 다소 조야하지만 차이점을 이해하는 데 큰 도움을 준다. 그는 이렇게 설명한다. 해가 떠올라서 열기를 뿜어내면, 거름 더미는 더 고약한 냄새를 풍긴다. 원인은 무엇인가? 떠오르는 해도 한 가지 원인을 제공한다. 그렇지만 실질적인 결과를 끌어내는 원인은 아니다. 단지 환경을 마련해 줄 뿐이다. 여기서 더 고약한 냄새를 풍기는 실질 원인은 거름 더미의 성분에 있다. (그것을 죄를 짓게 만드는 구체적인 원인이라 부를 수 있다). 해는 단지 고약한 냄새가 나게 하는 환경을 마련했을 뿐이다. 따라서 그 냄새와 관련해서 해에게 책임을 물을 수 없다. 그 고약한 냄새는 바로 거름 더미 안에 들어 있다. 그러므로 거름 더미에게 책임이 있다.

거름 더미에서 악취가 나는데, 마치 해에게 책임이 있는 듯 주먹을 휘두른다면, 그것은 어리석은 짓이다. 문제는 해가 아니라, 거름 더미 안에 있다.[2]

죄를 지을 때, 우리는 종종 상황 원인에 책임을 물으려고 한다. 우리는 그 환경을 조성한 어떤 대상에게 책임을 떠넘긴다. 그러면서 죄의 실질 원인은 무시한다. 그 실질 원인은 바로 우리의 교만과 탐욕, 불신앙이다. 우리는 죄를 범하기에 적절한 조건을 빚어낸 어떤 상황에 주먹을 불끈 쥐고 휘두른다. 그러나 사실 그 악취는 거름 더미 안에 있다. 그렇다, 다양한 상황은 죄를 짓도록 이끈다. 그렇다고 상황 자체가 죄를 범하지는 않는다. 그러므로 우리는 우리의 죄를 비난해야 한다. 나는 내 죄를 비난해야 한다. 당신은 당신의 죄를 비난해야 한다.

교회 도서관에서 일하는 어떤 사서의 사례를 생각해 보자. 그 사서는 자기의 잘못을 제대로 파악하지 못해서, 그만 교회 안에 작은 소동을 일으켰다. 사실 그는 교인들이 책을 많이 읽기를 바란다는 좋은 동기를 지니고 있었다. 그래서 좋은 책을 선정해 그 책을 교회 도서관에 추가로 비치했다. 작업은 순조롭게 진행됐다. 하지만 그의 열정적인 수고에도 불구하고, 책을 빌리는 교인은 거의 없었다. 심지어 도서관을 찾아오는 교인도 별로 없었다. 그러자 그는 교인들이 성경 및 신앙 지식에 관심이 없다고 비판하고 큰 소리로 불평하기 시작했다. 이를 본 한 교인이 그 사서에게 말이 거칠다고 지적했다. 그럼에도 사서는 교인들이 도무지 책을 읽지 않는다고 비난을 퍼부었다.

교인들이 도서관에 오려고 하지도 않고, 책도 읽지 않는 것은 그 사서가 먼저 사람들에게 말을 험하게 했기 때문이다. 사서의 그릇된 언행이 실질적인 원인을 제공한 것이다. 그래서 교인들이 책을 읽지 않는다고 비난한다면, 결국 자신의 책임을 다른 사람에게 떠넘기는 것이다. 교인들은 성경과 신앙생활에 관한 좋은 책들을 읽어야 한다. 하지만 책 읽기에 대한 교인들의 적은 관심이 그 사서가 거친 말을 하는 데 실질적인 원인을 제공하는 것은 아니다. 오히려 그 사서 자신의 사고와 대응 방식에 잘못이 있다.

앞에서 언급한 사서의 사례에 공감하기 어려울 수도 있다. 그래도 사례에 나타난 야고보서 4장의 패턴에 주목해 보라. 우리도 분명히 그 패턴을 공유한다. 사서는 좋은 것을 원했다. 그러나 자기의 선한 열망이 성취되지 않자, 교인들에게 거친 말을 했고 모욕감을 주었다. 그의 성취되지 않은 열망이 교인들을 경멸하는 말로 이어져 말다툼이 일어난 것이다. 그 상황에서 사서는 자기를 변호하며 이렇게 말했을 것이다. "글쎄요. 책을 읽으려고 하지 않는 무지한 교인들이 먼저 저를 화나게 했어요." 그 사서는 상황적인 원인을 비난하면서, 자기가 먼저 교인들을 모욕하는 언어를 사용했다.

자기 열망이 성취되지 않자, 그릇된 반응을 보이며, 실수를 범했다. 혹시 당신도 이 사례에서 당신의 모습을 보고 있지는 않은가?

홈스쿨링을 하는 어떤 가정의 사례를 살펴보자. 이 가정의 맏아들은 그 과정을 진지하게 열심히 따라간다. 부모는 그 모습을 지켜보며 흐뭇해한다. 그런데 맏아들이 새로운 목표를 추구하는 것과 더불어, 새로운 문제가 생겼다. 맏아들에게는 동생 세 명이 있다. 동생들은 형이 집중해서 공부하는데도 아랑곳하지 않고 떠들며 마구 뛰어논다. 맏아들은 자기 방에서 수학 공부에 집중하고 싶지만 동생들은 한 시간 동안 벌써 열 번이나 소란을 피웠다.

맏아들은 방해받지 않고 공부에 집중하기를 간절히 원한다. 그렇게 할 수 없자, 화가 머리 꼭대기까지 치밀었다. 그래서 자기 동생들을 거친 말로 꾸짖었다. 수학 공부에 몰두하고자 하는 맏아들은 분명히 좋은 것을 바랐다. 그러나 그가 동생들에게 관대한 것보다 조용한 분위기를 더 원하자, 그는 그만 화를 냈다.

물론 그의 동생들은 맏형이 공부에 집중하도록 소란을 피우지 말아야 했다. 그의 부모는 학업에 몰두할 수 있는 가정 환경을 만들어 주어야 했다. 그렇지만 이와 같은 환경적인 요인에 자극을 받았다고 해도, 맏아들은 동생들에게 큰 소리로 거친 말을 하면 안 됐다. 자기가 원하는 바를 얻지 못해서, 맏아들은 그만 거친 말을 했다. 이와 같은 언행과 관련해서, 우리는 시끄러운 상황에 책임을 돌리기 쉽다. 하지만 거친 말을 하게 된 근본적인 원인은 바로 마음에 있다. 맏아들은 자기 마음을 제대로 살피지 못해서, 동생들에게 거친 말을 했다.

때때로 하나님은 우리가 우리의 교만과 그릇된 욕망을 발견할 수 있도록 시험을 받는 상황을 허락하신다. 그러니 우리는 잘못했을 때 하나님이나 상황을 탓하면 안 된다. 그 상황은 우리가 가장 중요하게 여기는 것이 무엇인지, 그리고 자기 자신과 자신이 바라는 것에 우리가 얼마나 몰두하는지를 드러낸다. 곧 그릇된 언행의 직접적인 원인인 우리의 탐심을 드러낸다. 만약 우리 마음이 온전하다면 우리는 우리를 시험하는 다양한 상황에 유혹받지 않을 것이다.

그러므로 우리의 마음을 제대로 살펴보는 것은 우리의 영적인 건강에 매우 중요하다. 왜냐하면 그릇된 언행은 온전하지 못한 마음에서 시작되기 때문이다. 우리가 변명을 늘어놓고 다른 대상을 가리키며 책임을 떠넘기면, 우리는 자기의 잘못을 깨닫지도 못하고 뉘우치지도 못한다. 나아가 그리스도께 도움을 구하지도 않게 된다. 그러므로 우리를 시험하는 다양한 상황에서 실수할 때마다, 우리는 마음을 드러내어 하나님께 은혜를 베풀어 주시길 간청해야 한다. 그러면 성령님은 우리가 그리스도의 형상을 더욱더 닮아가도록 우리를 변화시키실 것이다.

당신의 그릇된 언행이 당신의 사악한 마음에서 비롯된다는 사실을 인정하라. 이것이 야고보가 대인 관계 속 싸움과 다툼의 치유에 관한 논의를 시작하는 근본적인 출발점이다. 대인 관계의 문제를 해결하길 바란다면, 우리는 마음에서부터 논의를 시작해야 한다.

당신의 마음이 죄성을 지니고 있다는 사실을 인정하라. 그리고 바로 거기서부터 그릇된 말과 행위가 빚어진다는 것을 인정하라. 다른 사람에게 책임을 떠넘기거나 비난하지 말라. 오히려 세리처럼 다음과 같이 말하라. "하나님이여 불쌍히 여기소서 나는 죄인이로소이다"(눅 18:13).

세리는 다른 대상이 아니라, 자기 자신이 바로 "죄인"이라고 자백한다. 다른 대상을 가리키지 않고, 자기 자신을 가리킨다. 그는 어떤 상황이나 다른 사람에게 책임을 돌리거나 비난하지 않는다. 이런 자세는 바로 앞에서 언급되는 바리새인과 극명하게 대조된다. "나는 다른 사람들 곧 토색, 불의, 간음을 하는 자들과 같지 아니하고 이 세리와도 같지 아니함을 감사하나이다"(눅 18:11).

싸움과 다툼으로 이어지는 패턴에 대해서 분명하게 알아보았다. 우리는 다양한 것을 원한다. 때로는 좋은 것을 원해도 하나님의 선한 섭리에 따라서 원하는 것을 얻지 못할 때도 있다. 그럴 때 우리는 하나님의 뜻에 기꺼이 순종하며 그리스도 안에서 기쁨을 누리기보다 오히려 우리가 원하는 것을 얻고자 하는 유혹을 받는다. 우리의 마음이 하나님보다 자신에게 더 집착하면, 우리의 욕망을 성취하려고 시도하는 과정에서 우리는 반항하게 되고 결국 싸움과 다툼이 빚어질 것이다.

왜 우리의 욕심이 성취되지 않을까?

"맞아요. 저는 잘못했습니다. 욕망이 이루어지지 않았을 때도, 화를 내지 않아야 했습니다. 하나님의 계획이나 의도보다 오히려 제 욕심을 이루기를 더 바랐음을 시인합니다. 그렇지만 바라던 것이 이루어지지 않았을 때, 저는 매우 난처한 상황에 놓여 있었습니다. 심지어 성경도 '소망이 더디 이루어지면 그것이 마음을 상하게' 한다고 말합니다. 당신은 제게 공감할 수 없나요? 당신이 저와 같이 곤란한 처지에 놓인다면, 과연 당신은 어떻게 할까요?"

한 사람이 자신의 잘못을 인정한다. 하지만 동시에 욕망이 성취되지 않을 때, 그것이 얼마나 사람을 고통스럽고 실망스럽게 하는지 지적한다. 그래서 자신이 얼마나 난처했는지 공감을 얻고자 한다. 이와 같은 반응은 자신의 잘못을 솔직하게 인정하는 것이다. 그렇지만 동시에 무엇인가를 얻으려는 우리의 열망은 지극히 정상적인 것임을 강조한다.

욕구가 이루어지지 않을 때, 몹시 낙심하는 것은 당연하다. 우리는 모두 자신의 난처한 처지에 대해서 다음과 같이 반박하며 공감을 얻으려고 할 것이다. "제발 제 곤란한 상황을 조금이라도 참작해 주세요!" 그리스도인들은 종종 그렇게 주장하며, 자기의 잘못에 대해서 변호한다. 하지만 그것은 결코 험한 말과 그릇된 행위에 대한 진정한 변명이 될 수 없다.

분명히 "소망이 더디 이루어지면 그것이 마음을 상하게"(잠 13:12) 한다. 이루어지지 않은 온갖 욕망은 우리를 고통스럽게 할 수 있다. 또한 종종 그렇게 한다. 물론 그때에 험한 말을 하고 싸움을 일으킨다면, 그에게는 아무런 변명의 여지가 없다. 성취되지 않은 어떤 욕망도 당사자의 냉혹한 언행이나 분노의 표출, 모욕 등을 정당화하지 못한다. 만약 이와 같은 방식으로 잘못을 범했다면, 반드시 자신의 잘못을 시인해야 한다. 자신의 탐심을 인정해야 한다. 그리고 예수 그리스도의 복음 안에서 용서와 회복과 영적인 활력을 구해야 한다. 우리가 다툼이나 싸움의 원인을 제공할 때, 야고보는 바로 앞에서 지적한 대로 우리가 실행하도록 가르치고 권면한다.

야고보는 또한 왜 우리가 얻지 못하고 받지 못하는지에 대한 근본적인 원인을 지적한다. "너희가 얻지 못함은 구하지 아니하기 때문이요 구하여도 받지 못함은 정욕으로 쓰려고 잘못 구하기 때문이라"(약 4:2-3). 이 말씀에서 야고보는 한 가지 놀라운 전제를 강조한다. 곧 하나님은 관대하시며, 그분의 자녀들에게 필요한 것을 주기를 원하신다는 것이다.

이 전제는 성경의 상당히 많은 구절에 나타난다. 하나님은 좋은 것으로 그분의 자녀들의 소원을 만족하게 하신다(시 103:5). 하나님은 우리에게 모든 것을 후히 주시고 누리게 하신다(딤전 6:17). 하나님은 그분의 자녀들에게 평생 그분의 선하심과 한결같은 사랑을 베푸신다(시 23:6). 하나님은 관대하시며, 우리의 마음에 즐거움을 주기를 원하신다.

물론 이 말씀들은 세상에 사는 동안 그리스도인들은 고난을 겪지 않는다는 번영 신학을 지지하지 않는다(막 10:30; 요 16:33 참조). 야고보는 오히려 우리가 바라는 것이 왜 이루어지지 않는지 확인하면서, 우리의 기도에 문제가 있다고 지적한다. 따라서 저마다 바라는 것을 하나님께 올바르고 간절하게 구하라며 이렇게 권면한다. "너희가 얻지 못함은 구하지 아니하기 때문이요"(약 4:2).

야고보는 먼저 싸움과 다툼이 우리에게서 비롯되며, 그것은 우리의 잘못임을 시인해야 한다고 강조한다. 그렇지만 잘못을 계속 지적하거나, 싸움과 다툼의 해결책을 제시하지는 않는다. 대신 하나님이 우리의 (선한) 간구를 이루어 주기를 원하신다는 사실을 확인시켜 준다. 심지어 우리가 다른 사람에게 싸움과 다툼의 원인을 제공한다고 하더라도 말이다. 우리는 이 점을 주목해야 한다.

야고보는 율법을 제시하기에 앞서 복음을 들려준다. 그는 우리가 다음 사실을 깨닫기를 바란다. 곧 하나님은 우리를 돌보기를 원하시며, 결코 인색한 분이 아니라는 것이다. 야고보는 우리가 원하는 (선한) 것을 받지 못한다면, 그것은 이상적이지 않다고 말한다. 그러므로 우리는 하나님께 우리가 원하는 것을 받기 위해서 끊임없이 기도해야 한다. 그렇지만 바라는 것이 주어지지 않는다고 해서, 우리가 말과 행위로 죄를 범해서는 결코 안 된다.

자비와 은혜가 넘치는 하나님은 우리가 원하는 온갖 (선한) 것을 그분께 간구하기를 바라신다. 먼저 우리는 하나님이 관대하시며 넉넉히 베푸시는 분이라는 사실을 굳게 믿고, 하나님을 온전히 신뢰하고 의지하며, 그분께 끊임없이 기도해야 한다. 그러면서 다른 사람들과 화목해야 한다.

이제 야고보는 우리의 성취되지 않은 소원을 어떻게 다루어야 하는지 두 가지 방법을 말한다. 첫째, 우리는 원하는 것을 기도로 하나님께 구해야 한다. 둘째, 우리는 하나님을 맨 앞에 두고서, 순수한 동기로 간구해야 한다. 만약 우리가 이 두 가지에 실패하면, 우리는 하나님께 죄를 짓는 것이다.

우리는 우리의 궁극적인 공급자이신 사랑과 은혜의 하나님을 무시한다. 그것은 우리가 하나님을 신뢰하지 않는다는 한 가지 표시다. 그리고 단지 자신의 정욕으로 쓰려고 무엇인가를 구하는 것은 우리가 자신의 삶에서 하나님을 최고선으로 인정하지 않음을 드러낸다.

하나님을 멀리한 채 스스로 살아가는 것(불신앙)과 하나님보다 쾌락을 더 사랑하는 것(정욕)은 두 가지 중대한 죄악이다. 그래서 야고보는 우리가 어떻게 하나님과 가장 밀접한 관계를 유지하면서, 이 세상에서 진정한 즐거움을 추구해야 하는지 알려 준다. 또 우리가 원하는 온갖 것이 어떻게 우상 숭배로 변질해서 싸움과 다툼의 원인을 제공하는지 우리에게 보여 준다. 그러면서 세상에 사는 동안 우리가 어떻게 하나님이 베푸신 선한 것 안에서 즐거워하면서, 하나님께 영광을 돌릴 수 있는지 깨우쳐 준다.

우리는 모두 죄성을 지닌 연약한 존재다. 그래서 우리는 궁극적인 공급자이신 창조주 하나님을 무시한 채, 그분에게서 받은 것을 그릇된 방법으로 사랑하기가 매우 쉽다. 우리가 바라는 것이 성취되지 않을 때, 어떻게 대처해야 하는가? 야고보가 들려주는 두 가지 강조점을 더 자세하게 살펴보자.

첫째, 우리는 하나님께 우리가 바라는 온갖 것이 성취되기를 구해야 한다. 하나님을 제외한 채 스스로 구하려고 해서는 절대로 안 된다.

이와 관련해서, 야고보는 이렇게 말한다. "너희가 얻지 못함은 구하지 아니하기 때문이요"(약 4:2). 그는 하나님을 온전히 신뢰하고 의지하며 살아가는 것에 대해서 말한다. 또 저마다 꼭 필요한 것을 얻기 위해서 하나님께 간구해야 한다고 말한다. 그래서 그는 기도에 대해서 이야기하는데, 우리가 하나님께 기도하지 않으면, 안타깝게도 받을 수 없기 때문이다.

하나님은 관대하시다. 하나님은 우리에게 꼭 필요한 것과 우리가 올바로 구하는 그것을 공급해 주실 준비가 되어 있으시다. 그렇지만 하나님은 우리가 그것에 대해서 간구하기를 기대하신다(마 7:7). 우리의 공급자이신 사랑과 은혜의 하나님은 우리가 그분께 나아오기를 바라신다. 그리고 그분의 손에서 모든 것을 구하기를 기대하신다. 하나님은 우리의 기도를 꼭 필요한 것으로 여기신다. 그러므로 기도하지 않으면, 하나님은 우리에게 주지 않으신다.

편지의 앞부분에서 야고보는 하나님이 빛들의 아버지이시며, 온갖 좋은 은사와 온전한 선물이 하나님께로부터 온다고 말했다(약 1:17). 우리가 지닌 모든 것이 관대한 하나님에게서 온다는 것은 객관적인 사실이다. 하나님은 한결같이 우리에게 온갖 좋은 것을 베풀어 주신다. 그렇지만 하나님은 우리가 모든 것에 대해서 구체적으로 간구하며 이 사실을 인정하기를 바라신다. 그것이 하나님이 마련하신 객관적인 원리와 방법에 따라서 사는 것이다.

우리는 온갖 축복의 근원이신 하나님이 마련하신 객관적인 원리에 근거해서 저마다 구체적으로 간구하며 응답받는 삶을 살아야 한다. 그것이 바로 하나님에 대한 우리의 믿음을 실질적으로 고백하는 것이다.

하나님은 살아 계신다. 우리의 모든 좋은 것은 하나님과 연결되어 있다. 하나님은 만물을 보존하신다. 또한 그분은 온갖 좋은 것을 공급하신다. 야고보는 당신이 하나님께 간구한다면, 그것을 얻게 될 것이라고 말한다. 왜냐하면 하나님은 자녀들의 기도를 기꺼이 들으시기 때문이다.

하나님은 우리에게 꼭 필요한 것을 공급해 주기를 좋아하신다. 하나님은 지극히 관대한 분이시다. 그러므로 우리는 관대한 공급자이신 하나님께 담대하게 나아가야 한다. 우리가 그렇게 나아가는 것은 자기 자신을 관대한 공급자로 계시해 주신 하나님을 진정으로 존중하는 것이다.

그렇지만 우리는 하나님께 나아가 모든 것을 구하지 않아서 갖지 못한다. 야고보서의 이 메시지를 인용한 존 칼빈(John Calvin)은 지극히 관대하고 넓은 마음을 지니신 하나님에 대해서 올바른 관점을 지니는 것이 얼마나 중요한지 다음과 같이 설명한다.

우리 모두가 영광과 존귀를 돌려야 할 분이 계시다는 주장만으로는 충분하지 않다. 우리는 그분이 모든 선의 원천이시며, 다른 어떤 대상이 아니라 오직 그분 안에서 모든 선한 것을 구해야 한다는 것을 확신해야 한다. … 자신이 하나님께 모든 것을 빚졌으며, 하나님 아버지의 돌보심으로 양육 받고 있으며, 그분이 모든 선한 것의 창조자이시며, 또한 그분을 떠나서는 아무것도 구해서는 안 된다고 인정하기까지, 사람들은 결코 그분을 기꺼이 섬기려고 하지 않을 것이다.3)

둘째, 야고보는 우리가 정결한 마음으로 기도해야 한다고 말한다. "구하여도 받지 못함은 정욕으로 쓰려고 잘못 구하기 때문이라"(약 4:3). 어떤 사람이 다음과 같이 이의를 제기한다. "정말로 저는 간절히 기도했습니다. 그렇지만 하나님은 제가 필요로 하는 것을 주지 않으셨습니다."

야고보는 하나님께서 우리에게 기도가 응답받기까지 기다려야 한다고 말씀하시는 것과는 별도로, 우리가 하나님의 영광을 구하지 않거나, 하나님 백성의 유익을 위한 것인지 염두에 두지 않은 채 단순히 무엇인가를 얻고자 기도할 때가 있다고 말한다. 오히려 우리 자신과 우리의 욕심에 초점을 맞춰 기도하는 것이다. 다시 말해, 기도하는 동기가 순수하지 않아서, 우리는 원하는 것을 받지 못한다.

그러므로 우리는 자신의 그릇된 동기를 뉘우치며, 정결한 마음으로 하나님께 나아가야 한다. 그리고 최우선으로, 또한 궁극적으로 하나님께 영광을 돌리는 것을 우리 기도의 우선 순위로 두어야 한다. 또한 그것에 우리가 기도하는 다양한 동기의 초점을 맞추어야 한다.

기도가 응답받으려면, 동기가 합당해야 한다. 여기에는 한 가지 이유가 있다. 곧 하나님은 가장 위대하고 영화로운 분이시므로 우리 삶에서 가장 우선시되어야 하기 때문이다. 『웨스트민스터 소요리문답』의 첫 번째 질문은 이렇게 묻는다. "인간의 최우선적인 목적은 무엇인가?" 대답은 이렇다. "인간의 최우선적인 목적은 하나님을 영화롭게 하고, 그분을 영원히 즐거워하는 것이다."

사도 바울은 고린도 교인들에게 이렇게 권면한다. "그런즉 너희가 먹든지 마시든지 무엇을 하든지 다 하나님의 영광을 위하여 하라"(고전 10:31). 또한 그는 하나님이 자신의 기쁨과 존귀와 영광을 위해서 모든 것을 창조하셨다고 말한다. "만물이 다 그로 말미암고 그를 위하여 창조되었고"(골 1:16). 여기 또다시 우리가 저마다 삶에서 구체적으로 반영해야 할 객관적이며 신학적인 한 가지 사실이 있다. 그 객관적인 진리는 하나님이 우리를 그분의 영광과 존귀와 기쁨을 위해서 지으셨다는 것이다.

그러므로 우리 자신을 위해서 하나님을 찾는 것은 그 진리에서 벗어나는 것이다. 이는 자기 자신을 하나님 위에 놓는 것이다. 그것은 근본적으로 우상 숭배에 해당한다. 하나님을 맨 앞, 그분께 합당한 위치에 놓는 것이 우리의 최우선적이며 합당한 과제다. 우리가 하나님을 맨 앞에 놓고 있다고 확신할 수 없다면, 어떻게 우리가 하나님을 섬긴다고 인정할 수 있겠는가?

단지 자신이 원하는 것을 얻기 위해서 기도한다면, 우리는 하나님이 우상 숭배자의 간청은 듣지 않으신다는 사실을 알아야 한다. 그분은 이기주의자를 맛있는 것으로 배불리 먹이지 않으신다. 자기중심주의를 권장하지도 않으신다. 그분은 우리의 부패한 성품이 원하는 것을 모두 채워 주지 않으신다.

하나님은 자신을 위해서 우리를 창조하셨다. 따라서 우리는 자기 자신을 위해서 살아서는 안 된다. 죄악된 성품은 우리의 사고방식과 삶이 하나님을 영화롭게 해야 한다는 우리의 존재 목적을 벗어나게 한다. 그리고 하나님께 돌아가야 마땅한 자리에 우리를 올려 놓는다. 그러나 하나님은 그분의 목적과 계획에 정반대되는 사람들과 친밀한 관계를 맺지 않으신다. 그래서 시편 기자는 이렇게 고백한다. "내가 나의 마음에 죄악을 품었더라면 주께서 듣지 아니하시리라"(시 66:18).

칼빈이 주장하듯이, 우리는 "하나님을 단지 자신의 탐욕을 채워 주는 대상으로 만들려고" 해서는 안 된다.[4] 우리는 하나님 앞에 머리를 숙이고 자기중심적인 삶을 살았음을 고백해야 한다. 또 우리 안에 "정직한 영을 새롭게 하소서"(시 51:10)라고 간청해야 한다.

성경의 많은 구절은 하나님의 은혜에 대해서 다음과 같이 놀랍게 증언한다. 곧 하나님은 회개하는 죄인을 기꺼이 맞아들이신다. 그분은 자기의 죄악된 행위에 대해서 뉘우치며 가슴 아파하는 사람에게 그리스도의 대속 사역에 근거해서 용서와 위로와 평안을 주신다.

스스로에게 다음과 같이 질문해 보라. "참으로 나는 하나님이 지극히 관대한 분이라고 믿고 있는가?" "나는 내게 꼭 필요한 것을 하나님께 채워 달라고 간청하는가? 아니면 하나님 없이, 스스로 해결하려고 하는가?" "나는 나를 위해서 무엇인가를 얻고자 하는가? 아니면 하나님의 영광을 구하는 것을 내 삶의 최우선 목표로 삼고 있는가? 그래서 내가 최우선으로 바라는 것은 하나님이며, 또한 나는 그분의 계획과 관심을 이루어가고자 하는가?"

간단히 말하면, 야고보는 우리가 받지 못해 일어나는 싸움과 다툼은 다음 두 가지에서 온다고 말한다. 첫째, 우리에게는 지극히 관대하신 하나님에 대한 확신이 없다. 그래서 우리는 하나님의 손에서 얻으려고 하지 않는다. 둘째, 우리의 탐심은 단지 자신의 유익만을 위해서 기도하도록 미혹한다. 이는 우리를 교만과 탐욕, 불신앙으로 이끈다.

우리가 사람들을 거칠게 대하는 원인은 동시에 우리가 기도에서 하나님을 소홀히 대하는 원인이 된다. 물론 기도가 응답받지 못할 때마다 기도하는 사람에게 잘못이 있다고 주장한다면, 그것은 잘못된 추론이다. 야고보는 그렇게 주장하지 않았다. 하나님은 종종 우리에게 기도의 응답을 기다리라고 말씀하신다. 야고보는 이때 우리가 죄악된 성품으로 말미암아 그릇되게 반응하는 것을 지적하는 것이다. 그의 지적은 옳다. 기도가 응답되지 않을 때, 우리는 종종 하나님 위에 자신을 놓으려는 성향을 드러낸다.

앞에서 언급한 두 가지 강조점을 가장 잘 이해하고 적용하는 방법은 그 강조점들을 각각의 배경에서 숙고하는 것이다. 야고보는 단지 우리를 꾸짖고 우리의 잘못을 납득시키려고 하지 않는다. 대신에 하나님이 어떤 분이신지 분명하게 알려 준다.

하나님은 지극히 관대하시며, 그분의 자녀들에게 온갖 좋은 것을 베풀어 주기를 기뻐하신다. 하나님은 기꺼이 주고자 하신다. 하지만 우리가 불신앙과 탐욕으로 무엇인가를 잘못 구해서 하나님이 주시지 않는 때도 있다. 이 구절들을 이 위치에 둠으로써, 하나님은 진정한 축복에 이르는 길을 우리에게 보여 주신다.

야고보는 우리에게 다음 사실을 넌지시 알려 준다. 곧 하나님은 우리가 형통하고 복된 삶을 살기를 원하신다는 것이다! 그것은 하나님과 그분의 말씀에 대한 올바른 신앙과 순종의 삶으로 가능하다. 그리스도께서 우리에게 베푸시는 구원의 축복은 장차 하늘나라에서 온전히 이루어질 것이다. 사람의 죄, 나의 죄, 당신의 죄는 우리를 영원한 기쁨의 나라로 이끌고자 하는 하나님의 목적을 실패로 돌아가게 하지 못한다. 우리의 구주이신 그리스도 안에 진정한 구원과 만족과 소망이 있다.

{ 　　더 깊은 묵상을 위한 질문　　 }

1. 싸움과 다툼을 일으키는 원인의 가장 밑바닥에 이르고자 한다면, 우리가 반드시 살펴봐야 하는 것은 무엇인가? 마가복음 7장 21-22절은 이 점에 대해서 무엇을 가르쳐 주는가?

2. 죄의 원인으로서 교만과 탐욕, 불신앙은 서로 어떤 연관성을 갖는가?

3. 우리는 좋은 것을 바라고, 좋은 일이 일어나기를 기대한다. 이와 같은 우리의 바람과 기대가 결과적으로 죄의 원인이 될 수 있는가? 어떻게 그렇게 될 수 있는가?

4. 우리가 대단히 중요한 것으로 인식해 싸우고 다투게 만드는 이것은 무엇인가? 이것을 얻기 위해 우리는 기꺼이 어떤 행동까지 벌이는가?

5. 당신은 무엇을 바라고 기대하는가? 그것은 싸움과 다툼을 일으키도록 당신을 시험할 가능성이 있는가?

6. 싸움과 다툼의 세 가지 패턴은 무엇인가?

7. 상황 원인과 실질 원인의 차이점은 무엇인가? 토머스 굿윈은 그 차이점에 대해서 어떤 실례를 제시하는가?

8. 교인들에게 화를 내는 교회 도서관 사서와
   홈스쿨링을 하는 가정의 맏아들 사이에 공통점은 무엇인가?

9. 당신이 말과 행동으로 그릇된 반응을 보였을 때,
   그 당시의 상황을 비난하며 책임을 떠넘긴 적이 있는가?

10. 어떤 난처한 상황에서 무례한 말을 하고 거칠게 행동했을 때,
    우리는 어떻게 반응해야 하는가?
    이에 대해서 누가복음 18장 13절은 어떤 가르침을 주는가?

11. "너희가 얻지 못함은 구하지 아니하기 때문이요"(약 4:2).
    이 말씀에서 야고보는 하나님의 성품과 일에 대해서 무엇을 강조하는가?
    디모데전서 6장 17절과 시편 103편 5절을 참조하라.

12. 왜 우리는 하나님을 제쳐 놓고 스스로 원하는 것을 얻으려는 대신에,
    하나님의 손에서 모든 것을 구해야 하는가?
    이 장에서 당신이 찾을 수 있는 몇 가지 이유가 있다면 모두 나열해 보라.

13. 웨스트민스터 소요리문답의 첫 번째 질문이 중요한 이유는 무엇인가?
    해당 질문에 대한 대답을 지지하는 성경 구절을 찾아보라.

CHAPTER 02

죄로부터 관계 지키기 1 :
죄인임을 인정하라

"간음한 여인들아

세상과 벗된 것이 하나님과 원수 됨을 알지 못하느냐

그런즉 누구든지 세상과 벗이 되고자 하는 자는

스스로 하나님과 원수 되는 것이니라

너희는 하나님이 우리 속에 거하게 하신 성령이 시기하기까지

사모한다 하신 말씀을 헛된 줄로 생각하느냐"(약 4:4-5).

먼저 야고보가 대인 관계에서 일어나는 싸움과 다툼에 대해서 이제까지 설명한 내용을 요약해 보자. 자신의 다양한 욕망에 지나치게 집착할 때, 그것이 이루어지지 않으면 우리는 싸움과 다툼의 원인을 제공한다. 그때에 우리는 자신이 아닌 다른 사람이나 환경

에 책임을 떠넘겨서는 안 된다. 오히려 자신에게 책임이 있음을 인정해야 한다. 우리가 바라는 다양한 것이 이뤄지지 않을 때, 우리는 다른 사람에게 책임을 돌리고자 한다. 그들이 자신을 난처하게 만드는 데 원인을 제공했다고 인식해서, 그들에게 항의하고 험한 말을 한다. 그래서 하나님 앞에서 기도하는 대신에, 다른 대상과 싸우거나 다툰다.

한편 기도할 때 우리는 자기중심적으로 기도한다. 우리의 정욕을 위해서 우리가 바라는 것이 응답되기를 원한다. 그래서 우리의 기도는 이러한 우리의 그릇된 신앙을 드러낸다. 심지어 우리의 기도에는 하나님보다 자기를 더 높이는 우상 숭배적인 마음도 나타난다.

야고보는 우리의 타락한 본성이 얼마나 부패했는지 예리하고 적나라하게 드러냈다. 그리고 우리의 육적인 욕망은 우리가 자아에 몰두하고, 하나님보다 자기를 높이고자 한다는 사실을 드러낸다고 지적한다. 우리는 이와 같은 자신의 영적 실상을 올바로 인식하고 지극히 겸손해져야 한다. 야고보는 우리가 우리의 타락한 본성과 거기서 비롯되는 심각한 문제를 직시하고 마주하도록 단도직입적으로 말한다.

간음하는 사람들이여!

여기서 야고보는 '간음하는 자들'이라는 충격적인 호칭을 사용한다. 이 호칭은 우리의 문제가 얼마나 심각한지 일깨운다. 그는 우리가 진정한 치유를 경험하기를 바란다. 그래서 우리에게 문제를 있는 그대로 직시하라고 말한다. 그렇지 않으면, 우리는 마땅한 방법으로 그 문제를 해결하지 못할 것이다. 골수암에 단순히 붕대를 붙여서는 안 된다. 즉 우리는 결코 문제를 축소해서는 안 된다. 문제의 심각성을 올바로 직시하고 받아들여야 한다.

또한 우리가 다음과 같이 말한다고 해도, 그 문제에서 벗어날 수 없다. "내가 어떻게 변화되어야 하는가? 내 모든 기도가 응답받고, 원하는 것을 받을 수 있는가?" 이러한 생각은 싸움과 다툼의 근본적인 원인을 제공하는 자아 안에 깊이 뿌리내리고 있다. 그래서 야고보는 싸움과 다툼을 진정으로 치유하기 위해서 우리가 자신의 영적인 상태를 올바로 직시하고 파악해야 한다고 말한다.

우리의 마음은 죄성을 지니고 있고 우리는 하나님께 신실하지 못하다. 이렇듯 우리 마음 속에는 우리를 자아에 집착하게 하며 온갖 문제를 발생시키는 탐심과 정욕이 있다. 야고보는 이를 적나라하게 드러내 보인다. 그는 단순히 싸움과 다툼의 원인을 제시하는 데 머무르지 않는다. 어떤 것도 사탕발림으로 말하지 않고, 문제를 정밀하게 분석한다. 그러면서 "간음하는 사람들이여!"라고 대단히 충격적인 방식으로 우리에게 말한다.

간음은 언약을 파기하는 행위다. 또한 혼인 서약을 지키지 않는 행위다. 오늘날처럼 도덕적으로 타락한 세상에서도 사람들은 혼인 서약을 매우 소중하게 여긴다. 심지어 사람들은 대체로 혼외정사를 불신실한 행위로서 결혼 관계를 파괴하는 비극적인 요인으로 이해한다. 이처럼 배우자에 대한 불신실은 비극적인 결과를 낳는다. 즉 언약을 파기한다.

결혼 서약에서 핵심 조항은 성적으로 배우자에게 신실한 상태를 유지하는 것이다. 남편은 다른 모든 여인과 절대로 성적인 관계를 맺어서는 안 된다. 언제나 그의 몸과 영혼은 자기의 배우자에게 신실해야 한다. 이 점은 아내도 마찬가지다. 간음은 이 서약을 깨트린다. 또한 언약을 파기한다.

물론 여기서 야고보는 신체적인 부정행위가 아니라, 영적인 간음에 대해서 말한다. 그는 다음 두 부류의 사람들은 영적으로 간음한 사람이라고 말하는데, 대인 관계를 싸움과 다툼으로 번지게 하는 사람과 자기의 정욕을 채우려고 기도하는 사람이다. 야고보는 하나님과 우리의 관계를 혼인에 비유하는 구약의 전통을 이어 간다(호 3:1 참조). 하나님의 자녀가 죄악에 굴복하는 것은 악하고 나쁜 것이며, 하나님과 그분의 언약의 말씀에 신실하지 않은 것이다.

싸움과 다툼의 원인을 제공할 때, 우리의 주요 문제는 그것으로 말미암아 다른 사람과의 관계가 깨지는 것이 아니다. 더 중요한 문제는 우리의 죄가 하나님을 대항한다는 것이다. 그래서 우리는 반드시 이 문제에 주의를 기울여야 한다. 우리가 대인 관계에서 싸움과 다툼의 원인을 제공하며, 단지 자기가 열망하는 것에만 관심의 초점이 맞추어져 있다는 사실을 깨달을 때, 우리는 하나님과 우리의 관계가 올바르지 않음을 인정해야 한다. 무엇보다도 먼저 하나님과 우리의 관계를 바로잡아야 한다. 이 점을 인정한다면, 하나님과 우리의 관계가 머릿속에서 최우선 순위를 차지할 것이다. 반드시 그래야만 한다.

어떤 그리스도인은 야고보의 이 말을 자기에게 적용하기를 피한다. 거기에는 몇 가지 이유가 있다. 그들은 단순히 마음이 무디어진 상태일 수도 있다. 종종 보수적인 신앙을 가진 그리스도인들을 보면, 어떤 이들은 자신이 이제 죄인이 아니라고 생각하는 듯하다. 이전에 어떤 교인이 나에게 이렇게 말했다. "목사님, 이제 더 이상 하나님과의 관계를 회복하라고 말씀하지 마십시오. 저와 하나님, 우리는 아주 괜찮습니다!"

많은 그리스도인이 오랜 세월 동안 교회에 다녔다. 그들은 교회의 구성원으로서 다양한 활동을 했다. 그래서 그들은 죄의식을 별로 느끼지 않거나, 더 이상 자신이 무가치한 사람이라고 인식하지 않는 듯하다. 그들은 점잔을 빼며 자화자찬한다. 맨 처음 그들이 그리스도 앞에 나왔을 때, 그들은 자신의 죄를 자백하며, 자신이 죄인이라고 인정했다. 그렇지만 시간이 많이 흘러서, 이제 그들은 자신이 죄인이라고 절실하게 느끼지 않는다. 그렇지만 자신이 죄가 없는 완전한 상태에 이르렀다고 주장하지는 않는다.

감사하게도 교리적 측면에서 그들의 입장은 옳다. 그렇지만 그들은 하나님 앞에서 자신이 불쌍한 존재라고 느끼지 못하며, 자신을 낮추지도 않는다. 사도 바울은 생애의 마지막 단계에서도 "죄인 중에 내가 괴수니라"(딤전 1:15)라고 고백했다. 그러한 바울과 달리, 많은 사람이 스스로 거룩하다고 판단해서 자신의 죄성과 그릇된 행위를 민감하게 분별하지 못한다.

물론 하나님의 은혜와 성령님의 역사로 경건한 그리스도인들에게는 죄악을 다스리는 능력이 커진다. 하지만 그것이 자신의 죄성과 잘못된 언행을 분별하지 못하게 된다는 뜻은 전혀 아니다. 오히려 세월이 흐를수록 그리스도인들은 죄를 더 예리하게 분별하게 된다.

어떤 사람들은 개혁주의 교리가 그리스도인의 삶에 대해서 영적으로 활력이 없는 관점을 정당화하지 않느냐고 생각한다. 그러나 하나님의 절대 주권적인 은혜를 누리는 것은 죄와 끊임없이 전쟁해야 하는 현실을 배제하지 않는다. 웨스트민스터 신앙고백은 그리스도인의 성화(sanctification)를 이렇게 묘사한다. 그리스도인 안에 "모든 면에서 여전히 타락의 잔재가 존재한다. 그것으로 말미암아 타협될 수 없는 전쟁이 끊임없이 일어난다."(신앙고백 13.2).

그리스도인의 삶은 놀이터가 아니다. 오히려 삶은 영적 전쟁터다. 영적인 성장은 이미 하나님과 올바르고 완전한 관계에 이르러서, 더 쓰러트릴 우상이 없다는 의미가 절대로 아니다. 개혁주의의 교리를 올바로 이해한다면, 그리스도인은 언제나 '개혁하는 사람'(semper reformanda)이 된다.

진정한 기독교는 항상 회개에 힘쓰는 생활 방식을 추구한다. 왜냐하면 세상에 사는 동안 우리는 여전히 연약한 육신을 가지고 살아가기 때문이다. 그렇다, 우리는 분명 하나님의 은혜 안에서 성장해야 한다.

하나님의 은혜와 성령님의 도우심으로 진정한 그리스도인들은 종종 극적이며 대단한 성장을 경험한다. 그렇지만 우리는 결코 더 이상 죄와 싸울 필요가 없다고 생각해서는 안 된다. 이와 관련해서, J. C. 라일(J. C. Ryle)은 이렇게 말했다. "한편으로, 그리스도인은 내적 평안을 누리고 있다. 다른 한편으로, 그의 내면에서는 끊임없이 영적 전쟁이 일어난다."[5] 죄와 싸울 필요가 없다는 생각은 승리가 아니라, 오히려 항복의 표시다. 그것은 굳건한 신앙이 아니라, 오히려 불신앙의 표시다.

하나님은 야고보가 "간음하는 사람들이여!"라고 말하는 것을 듣고, 우리가 다음과 같이 생각하기를 허락하지 않으신다. '분명히 야고보는 다른 사람들에게 그 말을 하고 있을 거야. 그 말은 절대로 나에게 적용될 수 없어.' 야고보의 책망이 당신의 양심을 찌르게 하라. 그가 당신에게 다가와서 어깨를 잡고, 직접 그 말을 하는 것처럼 받아들이라. "간음하는 사람들이여!"라는 준엄한 경고를 듣고, 스스로 깊이 진지하게 살펴보라. 그의 경고가 당신의 영혼의 상태를 면밀히 살펴보게 하라. 그리고 죄와의 싸움에서 승리하기 위해서 그리스도께 나아가 도움을 간청하라. 오직 그리스도만이 우리의 가장 강한 요새이며, 진정한 피난처이시다.

또 어떤 사람들은 '영적인 간음자'라는 호칭을 받아들이면, 기독교의 핵심 교리가 위협받는다고 생각한다. 그들의 견해에 의하면, 우리가 영적인 간음자라는 호칭을 받아들이면, 다음과 같은 문제가 일어난다고 한다. 곧 우리의 상태가 얼마나 심각한가 하는 질문이 제기되는데, 간음자가 언약을 깨트린 사람을 의미한다면, 과연 우리가 하나님과 우리 사이에 맺어진 언약을 깨트린 것인가? 과연 그것이 가능한가?

어떤 사람들은 그 호칭을 받아들이는 것이 성도의 견인(the perseverance of the saints) 교리를 부인하거나 구원을 잃어버렸음을 뜻한다고 생각한다. 그러나 그 호칭을 받아들이는 것이 이와 같은 해석을 빚어내지는 않는다. 진정한 그리스도인은 끝까지 인내하며 믿음을 지킨다. 절대로 멸망하지 않는다(요 10:28-30).

우리는 때때로 죄를 짓는다. 우리가 범하는 각각의 죄는 하나님께 신실하지 못함을 가리킨다. 사도 바울은 이런 우리에게 하나님이 주신 언약에 기초한 은혜에 대해 이렇게 말한다. "너희는 하나님으로부터 나서 그리스도 예수 안에 있고 예수는 하나님으로부터 나와서 우리에게 지혜와 의로움과 거룩함과 구원함이 되셨으니"(고전 1:30).

하나님은 그리스도의 십자가 공로에 근거해서 우리의 모든 죗값을 치르셨다. "우리를 거스르고 불리하게 하는 법조문으로 쓴 증서를" 지우셨다(골 2:14). 우리의 연약함과 죄성에도 불구하고, 그리스도의 완전한 의로움과 십자가에서의 죽음, 영광스러운 부활의 능력은 절대로 효력을 잃지 않는다.

더욱이 하나님은 그리스도 안에서 구원의 은혜를 베푸실 뿐만 아니라, 성령님을 통해서 우리에게 능력을 주신다고 약속하셨다(갈 5:16). 그러므로 우리는 언약에 기초한 하나님의 은혜가 현실의 삶에서 하나님께 순종하기 위한 능력을 우리에게 공급해 준다는 사실을 신뢰할 수 있다. 우리의 삶의 열매는 하나님에게서 온다(호 14:8). 그리스도인들에게 그리스도의 완전한 의로움이 전가되었다. 그리스도의 대속으로 말미암아, 우리는 모든 죄를 용서받고 정결하게 되었다. 또한 우리에게 그리스도의 거룩한 영이 임했다. 그래서 우리는 성령님의 능력으로 무장되었다.

이처럼 하나님은 그리스도 안에서 수많은 놀라운 방법으로 우리가 필요로 하는 모든 것을 공급해 주셨다. 그런데도 여전히 죄성을 지닌 우리는 종종 죄를 짓는다. 그때마다 우리는 자신의 신실하지 못함을 하나님께 고백해야 한다. 우리는 또다시 구원받기 위해서 이런 고백을 하는 것이 절대로 아니다. (이미 구원받은 그리스도인은 그것을 잃어버릴 수 없다. 그래서 다시 구원을 얻을 필요가 전혀 없다.) 우리는 오히려 죄에 대한 뉘우침과 고백으로 하나님께 우리 자신을 다시 온전히 드린다.

우리는 하나님이 우리와 맺으신 언약에 헌신할 것을 새롭게 다짐해야 한다. 세상에 사는 동안 우리는 방황하기 쉽다. 가던 길에서 벗어나서 넓고 쉬운 길을 갈 때, 우리는 다시 좁고 험한 길로 들어서야 한다. 우리는 그리스도께서 십자가에서 우리의 죄를 대속하여 죽으셨음을 믿고 죄 사함을 받았다. 그리고 하나님의 가족, 하나님의 자녀가 되었다. 우리는 어떤 대상도, 어떤 것도 우리 주님 그리스도 예수 안에 있는 하나님의 사랑에서 우리를 끊을 수 없음을 확신한다(롬 8:38-39).

간단히 말해 야고보는 이렇게 권면한다. 우리가 대인 관계에서 싸움이나 다툼의 원인을 제공하고 있다면, 우리는 자신을 정확하고 진지하게 평가해야 한다. 또한 우리는 자신이 영적인 간음자이며, 하나님께 신실하지 못했다는 사실을 인정해야 한다. 우리가 여전히 죄의 본성을 지니고 있고, 우리 내면에서는 계속해서 갈등이 일어나며, 다른 사람들과 다툰다는 사실을 시인하는 것은 기독교의 중요한 교리(구원론)를 부인하는 것이 아니다. 오히려 이 사실을 시인하는 것은 매우 중요하다. 우리는 여전히 연약하고 넘어지기 쉬우며, 종종 잘못을 범한다는 사실을 인식해야 한다. 그러면 그 사실이 우리가 우리 구주께 끊임없이 도움을 요청하도록 이끌어 줄 것이다. 언제나 살아 계신 주님은 우리를 위해서 끊임없이 간구하신다. 오직 주님만 우리의 모든 필요에 응답하실 수 있다.

세상과 벗 되고 하나님과 원수 됨

이제 야고보는 왜 '간음하는 사람'이라는 용어를 사용했는지 변론한다. 그리스도인들은 그 용어를 받아들이기가 매우 거북했을 것이다. 야고보는 거친 언행이 우리가 세상의 벗임을 드러낸다고 말한다. 누구든지 세상과 친구가 되는 사람은 하나님과 원수가 되는 것이다(약 4:4). 4절에서 야고보는 그 개념을 두 번이나 반복해서 말한다. 한 번은 수사 의문문으로, 또 한 번은 직접 화법으로 표현한다. 이렇듯 야고보는 성령님의 이끌림을 받아서 그리스도인들에게 쓴 편지에서 이 개념을 강조했다(약 1:16; 2:1).

야고보는 자신이 '간음하는 사람'이라는 용어를 사용해, 언약 공동체에 말한 것이 전적으로 정당하다는 것을 우리가 알기를 바란다. 우리가 기도하면서 오직 자기에게만 관심을 기울인다면, 또한 이루어지지 않은 소원으로 말미암아 싸움과 다툼을 일으킨다면, 우리는 하나님께 신실하지 않은 것이다. 그러므로 야고보는 '간음하는 사람'이라는 용어를 선택할 수밖에 없었다.

우리는 스스로 하나님의 언약에 기초한 사랑을 누리고 있다고 말하지만, 실제로는 하나님에게서 벗어나서 우리 자신에게 관심을 기울이고 있다. 이는 하나님에 대한 반역 행위다. 이런 극단적인 용어는 우리의 상태를 과장한 것이 아니다. 그 상태에 대해서 어떤 용어로 묘사하든지, 하나님에 대한 우리의 신실하지 못함은 뼈저린 뉘우침과 회개의 눈물로 바뀌어야 한다.

야고보는 영적인 눈의 초점을 우리가 하나님께 행한 일에 맞춘다. 우리의 모든 죄는 우리가 하나님을 대항한 것에서 시작됐다(시 51:4). 야고보는 우리의 죄가 하나님의 명예를 얼마나 심각하게 훼손하며 그분의 영광을 가리는지 우리가 영적으로 파악하지 못한다는 사실을 잘 알았다. 또한 우리가 하나님과 올바른 관계를 맺을 때, 다른 관계에서도 우리의 죄악이 치유된다는 것을 잘 알았다.

하나님과 관련해서 영적으로 간음한 사람이라는 말을 들을 때, 우리 마음은 그 말에 거부감을 느낄 것이다. 그러나 우리가 사도 야고보의 가르침에 순종하고자 한다면, 또한 그의 말에 영감을 불어넣으신 성령님께 복종하고자 한다면, 우리는 야고보의 주장을 받아들여야 한다. 그럼 이제 간음한 사람이라는 표현을 변론하는 야고보의 두 가지 강조점을 숙고해 보자.

첫째, 야고보는 우리가 서로 싸우고 다투는 것은 우리가 세상과 벗이 되는 죄를 범했음을 드러낸다고 말한다. 한편 세상과 벗이 되는 것은 부분적으로 옳다. 왜냐하면 요한복음에서 "하나님이 세상을 이처럼 사랑하사"(요 3:16)라고 말하기 때문이다. 그리고 예수님도 죄인들의 친구가 되어 주셨다. 마찬가지로 우리도 죄인들에게 관심을 기울여야 하고, 그들의 구원과 축복을 바라야 한다.

그러나 누가복음 18장 9-14절에 언급되는 바리새인처럼, 우리가 다른 죄인들보다 더 우월한 존재라고 생각한다면, 그것은 교만하고 잘못된 것이다. 세상과 벗이 되는 것은 잘못된 것이라는 말은 마치 우리가 다른 사람들보다 더 나은 사람들이라도 되는 것처럼, 어깨에 힘을 주고 의기양양하게 걸어 다니라는 말이 아니다.

성경은 종종 '세상'이라는 용어를 사용한다. 이 용어는 일반적으로 모든 사람이 아니라, 하나님을 거스르며 그분께 적대감을 보이는 타락한 인류 전체를 가리킨다. 예수님도 아버지께 기도하실 때

앞에서 설명한 의미에서 세상이라는 용어를 사용하셨다. "내가 그들을 위하여 비옵나니 내가 비옵는 것은 세상을 위함이 아니요 내게 주신 자들을 위함이니이다 그들은 아버지의 것이로소이다"(요 17:9).

이 말씀에서 "세상"은 그릇된 철학과 습관, 삶의 방식, 행위를 지닌 타락한 인류를 가리킨다. 사도 요한도 이렇게 말했다. "이 세상이나 세상에 있는 것들을 사랑하지 말라 누구든지 세상을 사랑하면 아버지의 사랑이 그 안에 있지 아니하니 이는 세상에 있는 모든 것이 육신의 정욕과 안목의 정욕과 이생의 자랑이니 다 아버지께로부터 온 것이 아니요 세상으로부터 온 것이라"(요일 2:15-16).

우리는 죄인들의 친구가 될 수 있지만, 그들의 세계관을 받아들일 수는 없다. 이 의미에서 우리는 세상의 벗이 되어서는 결코 안 된다. 절대로 타락한 세상 사람들의 그릇된 사고방식과 삶의 방식을 따라가서는 안 된다.

야고보는 대인 관계에서 싸움과 다툼의 원인을 제공하고, 자기의 온갖 정욕을 성취해 달라고 하나님께 간구하는 것은 악한 세상과 벗이 되는 명백한 예라고 말한다. 이 죄악들은 분명히 하나님을 영화롭게 하지 못한다. 하나님은 지극히 영화롭고 지극히 존귀하시다. 따라서 우리는 하나님을 모든 대상의 맨 앞에 모셔야 한다. 그러나 앞에서 언급한 두 자세는 그렇게 하지 않는다.

누구든지 예수님께 나아오고자 하는 사람은 자신에게 가장 가까운 사람들보다도, 심지어 자기 자신보다도 주님을 더 사랑해야 한다고 예수님은 말씀하신다(눅 14:26 참조). 아마도 이 말씀은 사람들에게 매우 충격적으로 들릴 것이다. 그러나 주님의 말씀은 분명히 옳다. 왜냐하면 우리는 가장 존귀하고 소중한 대상을 마땅히 가장 존귀하고 소중하게 여겨야 하기 때문이다. 그렇게 하지 않는다면 우리는 잘못 판단하는 것이다. 더 심각한 문제로서, 그것은 하나님을 모욕하는 것이며 창조주보다 피조물을 더 높이는 것이다.

우리는 주 하나님을 사랑하는 일을 최우선에 두어야 한다. 저마다 마음을 다하고 목숨을 다하고 뜻을 다하고 힘을 다하여 주 하나님을 사랑해야 한다(막 12:30). 그렇게 하지 않는다면, 그것은 분명히 우리를 악한 자의 세력 안에 놓인 세상과 짝이 되게 할 것이다(요일 5:19). 우리가 거친 말을 사용하며 싸움과 다툼을 일으킨다면, 그것은 그와 같은 언행에 반대하는 하나님의 계명을 거부하는 것이다(빌 2:1-4 참조). 나아가 세상 편으로 우리의 발을 내딛는 것이다.

단순히 우리의 정욕을 채우기 위해서 하나님께 기도한다면, 그것은 창조주 하나님을 우리의 이기적인 의사 결정에 관여하게 하는 것이다. 우리의 이해관계 아래에 하나님의 계획과 의도를 두는 것이다. 그러면 우리는 세상과 벗이 된다. 이 세속적인 우정은 우리가 하나님께 신실하지 않음을 드러낸다.

둘째, 야고보는 우리가 세상과 벗하는 것은 하나님과 '원수'가 되거나 그분을 미워하는 것이라고 말한다. 왜 그런가? 최우선으로 하나님을 사랑하는 것은 그분과 맺은 언약에서 그분의 자녀가 지켜야 할 가장 중요한 의무다. 따라서 하나님을 거부하는 세상과 짝을 이루는 것은 분명히 하나님을 미워하는 것이다.

당신은 그 관점에 의문을 품으며, 이렇게 생각할 수 있다. "그렇지만 저는 제 마음속에 하나님을 미워하는 감정을 품고 있지 않습니다. 저는 하나님을 사랑합니다." 하나님을 사랑한다는 것은 그분이 주신 계명을 지키는 것을 의미한다. 그래서 하나님과 그분의 계명에 순종하지 않으면 그분을 미워하는 것이다.

이 원리를 야고보서에서 다루는 주제에 적용해 보자. 곧 싸움과 다툼에 원인을 제공하는 것은 그와 같은 행위를 금지하시는 하나님을 대적하는 것이다. 자신은 하나님을 사랑한다고 생각하고 말하는 사람들이 많이 있다. 그렇지만 그들의 행위는 하나님을 사랑한다는 진정한 의미에 어긋난다.

하나님은 우리의 행위에 세밀한 관심을 기울이신다. 그분은 우리의 모든 행위를 낱낱이 지켜보신다. 그런데 우리는 자신의 그릇된 신앙관과 가치관으로 말미암아, 하나님이 싫어하시는 것을 선택하고 집착하며 갈망하기가 매우 쉽다. 즉 하나님을 '미워해서' 그분을 화나게 하기가 매우 쉽다.

야고보가 말하는 것을 받아들이면, 신경을 곤두세우고 살아야 한다는 점에 근거해서, 당신은 이 모든 것에 다음과 같이 이의를 제기할 것이다. "그렇다면 저는 모든 행위에 신경을 써야 하네요. 하지만 잠시 길을 잃을 수도 있는 수만 가지 일이 있어요. 하나님을 화나게 할, 또 그분을 '미워할' 수많은 요인이 있지요! 제 삶의 모든 것과 관련해서 그토록 세밀하고 신중하게, 또 그토록 애쓰면서 살아야 한다니요. 하나님은 제가 이렇게 살기를 원하지 않으실 것입니다!"

그렇다, 사람들은 바로 이 이유를 근거로 이의를 제기한다. 바로 이 이유로 자기 죄를 정당화하고, 계속해서 대인 관계에 해를 끼친다. 그리고 끝없는 욕심의 줄을 끊을 줄 모른다. 그들은 하나님의 관점에서 모든 것을 보려고 하지 않는다. 왜냐하면 그렇게 했을 때 삶이 감당할 수 없을 만큼 힘들 것이라 생각하기 때문이다. 그래서 그들은 자신의 신앙관과 가치관을 진지하고 세밀하게 살펴보기보다 현재의 그릇된 상태를 더 선호한다.

그들은 하나님을 죄에 대해서 분노하시는 거룩한 분으로 인식하는 것이 자신들에게 다음과 같은 소중한 기회를 가져다준다는 사실을 파악하지 못한다. 바로 이러한 인식은 그들로 하여금 자신의 죄를 회개하고 자백하도록 이끌어서, 복음 안에 있는 하나님의 무한하고 놀라운 은혜를 경험하게 한다. 우리가 마땅히 가야 할 길에서 벗어나서 헤매는 수많은 사례를 잘 분별한다면, 그리스도의 십자가 안에 나타난 하나님의 사랑이 얼마나 위대한지 진정으로 보게 될 것이다.

하나님을 거룩한 분으로 인식하는 것은 하나님의 자비 앞에서 진정으로 회개하고 변화되며 회복의 길로 첫걸음을 내딛는 것이다. 우리는 죄를 자각하지 못해서 죄책감을 느끼지도 못한 채, 우리가 원하는 것을 하고자 하는 그릇된 자유를 원했다. 우리는 그렇게 그리스도 안에 있는 진정한 기쁨을 잃어버렸다. 그러므로 우리의 내면과 언행을 세밀히 살펴보고, 하나님께 순종하지 않은 우리의 죄를 시인하는 것은 매우 중요하다. 그것은 우리가 그리스도를 바라보도록 이끌어서 그분의 완전한 의로움을 보게 하고, 그리스도 안에서 우리를 의롭게 할 것이다.

청교도 목회자 리처드 로저스(Richard Rogers)는 맨 처음으로 청교도의 생활 방식에 관해서 서술한 인물이다. 그는 그리스도인의 삶을 매우 진지하게 여긴 사람으로 잘 알려져 있다. 그는 온 마음으로 하나님을 모든 것의 맨 앞에 모시고자 했다.

어떤 사람들은 이 생활 방식이 지나치게 엄격하다고 말할 수도 있다. 리처드 로저스도 때때로 이 생활 방식을 철저하게 실행하지 못해서, 자기의 연약함을 드러내기도 했다. 그렇지만 그는 복음 안에서 위로를 얻었다.

언젠가 로저스의 한 친구가 그에게 이렇게 말했다. "자네는 지나치리만큼 엄격한 것은 아닌가?" 그러자 그는 이렇게 대답했다고 한다. "나는 언제나 정확하신 하나님을 섬기고 있다네." 참으로 그렇다! 야고보는 바로 이렇게 하나님을 묘사한다. 하나님은 옳고 그름을 언제나 정확하게 판단하고 제시하신다. 또한 하나님은 지극히 거룩하시다. 그러므로 싸움이나 다툼으로 이어지는 죄를 범하는 것은 영적인 측면에서 하나님께 신실하지 못하며, 그분을 거역하는 것이다.

하나님과 올바른 관계를 맺기 위해서 자신이 하나님과 적대 관계에 있다는 사실을 인정하는 것은 대단히 중요하다. 당신이 죄를 짓고서도 그것을 정당화하고 반복해서 변명을 늘어놓고 있다면, 심지어 그것을 위해서 기도하고 있다면, 당신이 세상과 친하며, 하나님을 거스르고 있다는 사실을 당신은 자백해야 한다. 당신의 영적 간음 행위를 자백해야 한다.

이때 하나님께 나아가서 회개하며 도움을 구하는 것보다 더 좋은 방법은 없다. 그러니 이제 당신은 사랑하는 주님을 거슬러서 지은 끔찍한 죄를 통회하며, 하나님 앞에서 머리를 땅에 대고 회개의 눈물을 흘리라. 그리고 예수 그리스도 안에 있는 하나님의 은혜를 간구하라. 그러면 하나님의 놀라운 사랑 안에서 다시 기쁨을 얻을 것이다.

하나님은 우리와 같이 불쌍한 죄인도 절대로 버리지 않으시고 끝까지 사랑하신다. 그렇다고 우리가 또다시 구원을 받는 것은 아니다. 이미 구원받은 사람이 어떤 잘못을 범한다고 해서, 그가 구원을 잃어버리는 것은 아니다. 예수님은 그분의 제자들에게 이렇게 말씀하신다. "내가 그들에게 영생을 주노니 영원히 멸망하지 아니할 것이요 또 그들을 내 손에서 빼앗을 자가 없느니라"(요 10:28).

그렇지만 당신은 하나님과의 언약을 새롭게 경험해야 한다. 그것은 회심할 때 느끼는 것과 매우 비슷하다. 당신이 대인 관계에서 싸움과 다툼의 원인을 제공했다면, 회개를 통해서 그리스도 안에서 피난처를 찾아야 한다. 그리고 하나님의 놀라운 은혜를 새롭게 경험해야 한다.

하나님의 자비는 끝이 없다. 그것은 가장 가까운 사람이 당신 곁에서 애정을 보이는 것보다 더욱더 강력하고 부드럽다. 당신이 영적인 측면에서 자신의 불쌍한 상태를 분별하지 못해도, 하나님은 당신을 떠나지 않으신다. 그분 앞에서 경외심을 품으라. 하나님은 우리와 같은 죄인들을 구원하고 거룩하게 하고 장차 영화롭게 하리라고 약속하신다.

놀라움을 머금고 우리의 거룩하신 주 하나님을 믿음의 눈으로 바라보라. 자신의 죄를 뼈저리게 자각하는 사람만 죄인을 향한 이루 말할 수 없이 놀라운 하나님의 은혜를 느낄 것이다. 그리스도 안에 있는 하나님의 은혜에 감탄할 때, 성령님은 그분의 능력으로 당신을 무장시키셔서, 싸움과 다툼의 원인을 제공하는 생각 자체를 미워하도록 이끄실 것이다.

'하나님을 거스르는 우리의 탐심' 또는 '하나님의 영이 우리를 사모함'

"하나님이 우리 속에 거하게 하신 성령이 시기하기까지 사모한다"(약 4:5)라는 말씀에는 번역 및 해석상의 논쟁이 있다. 이 구절에서 야고보는 우리의 타락한 본성이 하나님과 그분의 방법을 거스르고자 한다는 점을 가리킬 수도 있다. 이 해석은 시편 2편에서 이방 나라들이 격노하며 하나님이 그들에게 매어 놓으신 끈을 끊어 버리자고 소리 지르는 행위와 비슷하게 해당 구절을 이해한다(시 2:1-3). 이때 이 말씀은 '우리 안에 있는 인간의 타락한 영이 하나님을 거스르며 탐심을 품는 것'을 의미한다.

다른 해석으로, 야고보는 하나님이 우리에게서 사랑과 신실함을 강력하게 바라신다는 의미로 그와 같이 표현했을 수도 있다. 곧 '우리 안에 거하시는 하나님의 영은 우리를 향해서 시기하기까지 사모하신다.'라고 해석할 수 있다. 이 두 가지 해석은 모두 의미상 성경의 진리에 부합한다. 하나님은 우리의 온 마음을 원하신다. 하지만 우리의 부패한 마음은 하나님을 거스르면서 무엇인가를 얻고자 한다. 타락한 세상에서 두 개념은 서로 강력하게 부딪힌다. 곧 하나님은 사람을 향해서 사랑과 은혜의 손길을 내미시지만, 사람은 그 손길을 뿌리치고 그분에게서 멀리 달아나고자 한다.

두 해석 중에서 하나를 취하는 대신에, 여기서는 성경의 진리에 부합하는 이 두 가지 개념을 모두 숙고해 보자. 두 개념은 모두 야고보서의 논점 흐름과 잘 어울린다.

앞에서 야고보는 다음 사실을 지적했다. 곧, 우리는 싸움과 다툼의 원인을 제공하며, 이는 우리가 하나님에 대해서 영적으로 신실하지 못함을 드러낸다는 것이다. 이제 그는 계속해서 다음 사항에 관해서 설명한다. 바로 우리의 신실하지 못함은 우리를 향한 하나님의 사모함에 어긋나거나, 아니면 우리가 이미 잘 알고 있듯 죄를 사모하는 우리의 타락한 성품에 잘 들어맞는다는 것이다.

그러므로 우리는 다음 두 가지를 살펴보려고 한다. 먼저, 우리를 향하신 하나님의 열망에 대해서, 그다음으로 우리의 타락한 성품에 대해서 살펴보자.

첫째, 하나님은 우리가 온 마음으로 그분을 섬기기를 바라신다. 그분은 우리가 열정 없이 미지근한 마음으로 헌신하는 것에 만족하지 않으신다(계 3:16). 예수님은 우리의 가장 가까운 관계에 있는 사람들을 주님보다 더 사랑해서는 안 된다고 말씀하셨다(눅 14:26). 물론 이 말씀은 우리가 사랑하는 사람들을 미워하라는 뜻이 절대 아니다. 예수님은 비교의 의미로 그렇게 말씀하셨다. 즉 우리는 하나님을 사랑하는 것이 최우선임을 인정해야 한다.

예수님은 "네 마음을 다하고 목숨을 다하고 뜻을 다하고 힘을 다하여 주 너의 하나님을 사랑하라"(막 12:30)가 첫째로 중요한 계명이라고 가르쳐 주셨다. 하나님은 우리에게서 최고의 사랑과 섬김을 받아야 마땅한 분이시다. 어떤 사람이 이렇게 말했다. 하나님은 우리에게서 온전한 충성을 원하시지만, 사탄은 부분적인 추종에 만족한다는 것이다. 이는 만약 사탄이 하나님에 대한 우리의 충성심을 두 쪽으로 나뉘게 할 수 있다면, 그것은 하나님이 우리에게서 온전한 섬김을 받지 못하신다는 것을 의미한다.

둘째, 하나님은 그분의 영을 받은 사람들에게서 온전한 섬김을 받으셔야 한다. 그리스도인들은 성령님의 깨우침으로 그 사실을 분명하게 안다. 그들은 하나님이 그들의 주님이시라는 진리를 배울 필요가 없다. 그들은 이미 하나님께 충성과 복종을 맹세했고, 하나님은 그들의 생명에 대한 절대적이며 궁극적인 주권을 가지고 계신다. 오직 하나님만이 우리에게서 완전한 섬김을 받기에 합당한 분이다. 이는 그리스도인이라면 본능적으로 아는 사실이며, 우리는 이를 논리적으로 명료하며 설득력 있게 설명할 수 있다.

다시 말하지만, 하나님은 우리의 온전한 섬김을 받으시기에 합당한 분이시다. 왜냐하면 그분은 우리를 지으셨기 때문이다. 창조주 하나님은 그분의 피조물에 대해서 정당한 소유권을 지니신다.

인간관계와 다양한 법규, 예를 들면 지적 소유권의 개념을 통해서도 우리는 이 점을 이해할 수 있다. 어떤 사람이 어떤 아이디어를 맨 처음으로 고안하면, 그것은 그의 소유다. 그 아이디어가 어떤 중요한 가치를 지녔다고 판단되면, 그는 그것과 관련해서 명예를 얻고 또한 그것에 대해서 보상받을 자격이 생긴다.

우주 전체는 하나님께 소유권이 있다. 왜냐하면 하나님의 말씀과 그분의 영으로 우주 안에 있는 모든 것이 지음을 받았기 때문이다(시 33:6, 9). 이 사실은 하나님께 소유권이 있음을 뒷받침한다. 하나님은 모든 것에 대한 정당한 권리를 지니고 계신다. 지각과 의식이 있는 모든 피조물은 이 사실을 인정해야 한다.

하나님께 이 권리가 없다고 주장하는 것은 옳지 않다. 이는 하나님의 정당한 권리를 침해하는 것이며, 그분의 정당한 소유권을 훔치는 것이다. "만물이 그에게서 창조되되 하늘과 땅에서 보이는 것들과 보이지 않는 것들과 … 만물이 다 그로 말미암고 그를 위하여 창조"(골 1:16)되었다. 그러므로 하나님은 합법적인 주님이시며 또한 만물의 소유자로서 경배를 받아야 마땅한 분이시다. 우리는 존귀와 영광을 돌려야 할 창조주가 계시지 않은 듯 살면 안 된다. 우리는 은혜와 자비가 넘치는 주님이신 창조주 하나님께 영광을 돌려야 한다.

또한 하나님은 우리의 온전한 섬김을 받으셔야 마땅하다. 왜냐하면 그분은 우리가 이제까지 누려온 모든 것과 지금 누리는 모든 것을 우리에게 주셨기 때문이다. 그분은 하늘 보좌 위에서 피조 세계를 냉담하게 바라보시기만 하는 인색한 분이 아니다. 모든 복을 오직 그분 혼자서만 간직하고 누리는 분이 절대로 아니다.

하나님은 무한히 관대하시다. 그래서 그분은 자신이 소유한 모든 것을 피조물과 공유하기를 원하신다. 그래서 바울은 "오직 우리에게 모든 것을 후히 주사 누리게 하시는 하나님"(딤전 6:17)이라고 말했다. 또한 하나님은 "만민에게 생명과 호흡과 만물(모든 것)을 친히 주시는"(행 17:25, 괄호는 역자 추가) 분이다. 우리가 소유하고 누리는 모든 것은 하나님의 선물이다. 하나님이 그분의 섭리 가운데 우리에게 주시지 않았다면, 이제까지 우리는 어떤 것도 소유하거나 누리지 못했을 것이다.

사람들은 때때로 하나님이 은혜로 주신 것을 그릇되게 사용한다. 그럼에도 그것은 여전히 하나님에게서 온 것이다. 우리의 가장 소중한 가족, 친구, 삶의 온갖 진기한 경험도 모두 하나님의 선하고 광대한 마음과 섭리와 계획에서 나온 것이다. 왜냐하면 하나님은 무한히 좋으신 분이며, 기쁨과 즐거움의 근원이시기 때문이다.

그래서 우리가 받은 모든 것은 하나님의 사랑과 은혜의 흔적을 지니고 있다.

하나님은 시원하고 맑은 물이 언제나 넘치도록 솟아나서, 그 물을 끊임없이 흘려보내는 샘과 같다. 그래서 온 땅은 하나님이 지으신 것들로 가득하다(시 104:24). 따라서 우리는 자신을 독립적이며 자족할 수 있는 존재로 생각해서는 안 된다. 우리는 창조주 하나님을 의존해야만 하는 우리의 상태를 인정해야 한다. 그리고 은혜가 넘치는 공급자이신 하나님께 감사하고, 그분을 영화롭게 해야 한다.

이 사실을 깨닫고 삶에서 실천하기 위해서는 겸손이 필요하다. 그 겸손은 현실에 진정으로 부합된다. 우리가 자족과 자만을 주장하고 추구한다면, 그것은 진실에 눈을 감는 것이다. 그것은 어떤 어린아이가 자기 부모님에게 음식과 옷을 줄 필요가 없으며, 자기에게 관심을 두지도 않고 돌보지 않아도 된다고 말하는 것과 같다.

또한 하나님은 우리에게서 섬김을 받으셔야 마땅하다. 왜냐하면 그분은 모든 피조물을 초월해서 존재하는 분이기 때문이다. 이 말은 하나님이 그분의 위대하심과 부요하심과 성품과 관련해서 모든 대상을 뛰어넘는다는 것을 의미한다. 그래서 시편 기자는 이렇게 말한다. "여호와는 모든 나라보다 높으시며 그의 영광은 하늘보다 높으시도다 여호와 우리 하나님과 같은 이가 누구리요 높은 곳에"(시 113:4-5) 앉으셨다.

이와 같은 하나님의 초월성이 어떤 사람에게는 다소 이해하기 어려울 수도 있다. 다음 한 가지 예가 그것을 명확하게 이해하도록 도와줄 것이다. 당신이 이웃 주민들로 구성된 농구 동호인 팀에서 경기를 하고 있다고 하자. 그때 갑자기 전성기에 있던 마이클 조던(Michael Jordan)이 나타나서 당신의 농구팀에 합류해 온 힘을 다해서 경기한다. 그러면 당신은 과연 초월(뛰어남)이 무엇을 의미하는지 아무런 어려움 없이 이해할 것이다. 마이클 조던은 그때 경기에 참여한 다른 모든 사람보다 훨씬 뛰어난 경기력을 보여 줄 것이다. 당신은 그와 다른 사람들을 비교할 필요성을 전혀 느끼지 않을 것이다. 이는 매우 간단한 예다.

하지만 이 예시는 초월성의 개념을 이해하는 데 도움은 주어도, 하나님에 관한 진리를 제대로 설명해 주지는 못한다. 왜냐하면 모든 선수는 피조물인 사람이기 때문이다. 심지어 마이클 조던과 같은 세계적인 선수도 다른 모든 사람처럼 한 사람에 지나지 않는다. 그러나 하나님은 인간이 아니다.

이 점과 관련해서 A. W. 토저(A. W. Tozer)는 이렇게 말했다. "천사장이 나비의 애벌레보다 견줄 수 없을 정도로 높은 것처럼, 하나님은 천사장보다도 이루 말할 수 없이 높으시다. 천사장과 나비의 애벌레 사이의 차이점에는 한계가 있다. 그렇지만 하나님과 천사장 사이의 차이점은 무한하다."[6]

하나님은 창조주이시다. 그러므로 어떤 피조물도 그분과 견줄 수 없다. 인간은 하나님의 고유한 본성과 존재 그 자체에 대해서 완벽하게 알 수 없다. 그것은 인간의 지혜와 경험과 상상을 뛰어넘는다. 이처럼 한없이 초월적인 존재이신 하나님은 자신과 인간을 토기장이와 진흙에 비유하신다(사 64:8). 이것은 우리가 하나님을 인간의 차원으로 내려오시게 해서는 안 된다는 것을 의미한다. 또한 인간의 판단 기준으로 하나님을 판단해서는 절대로 안 된다는 것을 뜻한다. 우리는 지극히 높고 거룩하신 하나님을 영화롭게 해야 한다. 그분께 마땅한 존귀와 영광을 돌려야 한다.

나아가 하나님은 우리에게서 온전한 섬김을 받아야 마땅한 분이다. 왜냐하면 하나님은 예수 그리스도를 통해서 우리를 구속하셨기 때문이다. 앞에서 언급한 여러 가지 이유와 더불어, 우리가 구원받았다는 사실은 이루 말할 수 없이 놀라운 일이다. 창조주 하나님과 비교할 때, 우리는 진흙에 지나지 않는다. 하나님은 결점투성이인 진흙을 내버리실 수도 있었을 것이다. 하지만 그분은 그렇게 하지 않으셨다.

모든 것을 창조하고 보존하시는 하나님은 모든 것을 초월해서 존재하신다. 하나님은 그분이 지은 모든 대상에게 원하는 대로 하실 수 있다. 하나님은 인간을 포함해서 만물에 대한 절대 주권을 지니고 계신다. 따라서 우리는 온전히 하나님의 자비에 맡겨야 하는 신분에 위치하게 된다. 인간의 타락과 인류의 수많은 죄악을 깊이 생각할 때, 당신은 지극히 불안하고 혼란스러운 미래를 전망하지 않을 수 없을 것이다.

우리는 하나님을 의존해야 할 처지에 놓여 있다. 그러나 우리는 하나님을 거스른다. 사람들이 하나님을 거역하고, 그분의 계명들을 어기며, 그분에게 죄를 지을 때, 하나님은 그들을 어떻게 하셨는가? 하나님은 반역한 진흙 덩이들을 내버리셨는가? 그분의 섭리와 절대 주권으로 다스리시기를 포기하신 채 피조물을 모두 멸망의 불구덩이에 내던지셨는가? 전혀 아니다.

하나님은 죄인들을 벌하려는 계획을 세우시긴 했다. 그렇지만 사람들을 모두 멸망의 불구덩이에 내던지는 대신에, 하나님은 그들을 구속하고자 일을 시작하셨다. 그 구원 계획은 영원 전에 수립되었으며, 맨 먼저 창세기 3장 15절에서 시작된다. 해당 절에서 하나님은 그분이 정하신 때에 구원자를 보내서, 사탄을 물리칠 것을 약속하셨다. 하나님의 아들이 인류를 대신해서 십자가 위에서 자기 목숨을 내어놓는 사건을 통해서, 하나님은 저주를 축복으로 뒤바꾸셨다. 곧 죄와 죽음과 영원한 멸망 대신에, 회개와 용서와 영원한 생명에 이르는 길을 열어 주셨다.

그리스도 안에 있는 하나님의 무한한 자비는 인간의 죄와 하나님의 권리라는 배경에서 가장 명백하게 인식될 것이다. 하나님에게는 그분을 거역하는 사람들을 계속해서 보존하지 않아도 될 전적인 권리가 있다. 그러나 하나님은 사람들을 피조 세계에서 내어 쫓지 않으시고, 오히려 구속 사역을 세우고 성취하셨다. "우리가 아직 죄인 되었을 때에 그리스도께서 우리를 위하여 죽으심으로 하나님께서 우리에 대한 자기의 사랑을 확증하셨느니라"(롬 5:8).

창조주 하나님은 모든 피조물을 초월해서 존재하신다. 그분은 우리와 같은 죄인들에게 무한한 은혜와 자비를 베푸신다. 이 사실을 숙고할 때, 우리는 하나님을 경외하며 온전히 기뻐하고 목소리를 높여서 그분을 찬양하지 않을 수 없다. 하나님 나라에서도 구원 받은 이들과 수많은 천사가 이와 같은 찬양을 드린다. "죽임을 당하신 어린 양은 능력과 부와 지혜와 힘과 존귀와 영광과 찬송을 받으시기에 합당하도다"(계 5:12). 우리는 마땅히 하나님께 가장 큰 존귀와 영예를 드려야 한다. 왜냐하면 하나님은 그리스도 안에서 우리에게 무한한 은혜를 베풀어 주시기 때문이다.

요컨대 이제까지 우리는 하나님이 우리 모두가 온 마음으로 그분을 섬기기를 기대하신다는 첫 번째 강조점을 살펴보았다. 하나님은 그것을 받으시기에 지극히 합당하신 분이시므로, 마땅히 그것을 원하신다. 그분은 지극히 위대하고 영광스러운 분이시다. 그러므로 하나님 외에, 어떤 다른 대상을 더 사랑하는 것은 우상 숭배에 해당한다.

창조주 하나님이 피조물인 우리에게서 순종을 요구하시는 것은 당연하다. 또한 하나님이 우리 마음 안에서 첫 번째 자리를 차지하기를 기대하시는 것도 마땅하다. 하나님은 창조주이시며, 모든 피조물을 보존하시며 그들에게 필요한 것을 공급해 주신다. 하나님은 모든 피조물을 초월해서 존재하신다. 그리고 그리스도 안에서 하나님은 은혜와 자비로 우리를 구원해 주신다.

둘째, 야고보서 4장 5절에 대한 다른 해석도 올바르다. 곧 우리의 부패한 마음은 하나님 대신에 죄를 사모한다. 아담 안에 있는 우리는 마치 어떤 소매치기가 부패한 경찰관과 협상하듯 하나님이 우리를 대해 주시기를 원한다. 이처럼 인간의 부패한 마음은 끊임없이 죄를 빚어낸다.

타락한 인간의 마음과 생각은 끊임없이 악한 것을 생각해서 그것을 실행으로 옮기고자 한다(창 6:5). 그래서 웨스트민스터 신앙고백은 이렇게 말한다. "우리는 근본적으로 부패했다. 따라서 우리는 선을 행하고자 하는 성향을 지니지 못하고, 그것을 행할 능력도 없다. 우리는 선한 것을 반대한다. 또한 우리의 마음은 모든 악한 것에 기울어져 있다."(신앙고백 6.4).

하나님은 우리가 온 마음으로 그분께 헌신하기를 열망하신다는 사실에 비추어 볼 때, (다소 부드럽게 표현하자면) 그와 같은 헌신에 대한 우리의 열정이 부족하다는 이 소식은 결코 좋은 소식이 아니다.

구원받은 이후에도, 그리스도인들은 여전히 자신의 타락한 본성과 싸운다. 물론 구원받은 후로 저마다 어느 정도 죄를 극복하는 놀라운 능력을 지니게 되어 영적 싸움의 전황은 상당히 나아졌다. 그래서 바울은 그리스도인들에게 "죄가 너희를 주장하지 못하리니"(롬 6:14)라고 말했다. 이는 하나님이 그리스도인들에게 영적 능력을 공급해 주셔서, 그들이 세상에 사는 동안 점점 성화(sanctification)에 이르게 된다는 뜻이다. 그렇지만 우리는 비로소 다음 세상에서 완전한 영화(glorification)에 이르게 될 것이다.

만약 우리가 이 세상에 사는 동안 언제라도 죄가 없다고 말한다면, 우리는 자기를 속이는 것이다(요일 1:8). 죄를 이긴다는 성경 속 약속의 말씀은 우리의 부패한 마음과 끊임없이 싸워서 얻게 된다. 그러나 우리의 부패한 마음은 우리 안에 붙어서, 우리를 끊임없이 괴롭힌다.

바울은 그리스도인의 삶이 끊임없는 영적 전쟁이라고 말했다. "육체의 소욕은 성령을 거스르고 성령은 육체를 거스르나니 이 둘이 서로 대적함으로 너희가 원하는 것을 하지 못하게 하려 함이니라"(갈 5:17). 이와 관련해서, 존 플래벨(John Flavel)은 다음과 같이 말했다. "회심하는 데 가장 어려운 과제는 사람의 마음이 하나님의 마음에 드는 것이다. 회심 후에 가장 어려운 과제는 사람의 마음을 하나님의 마음에 계속 일치시키는 것이다."[7] 유다서는 그리스도인의 주요 목표로, "하나님의 사랑 안에서 자신을 지키"(유 1:21)라고 말한다. 곧 하나님을 계속해서 사랑하라는 것이다.

이와 같은 진술은 그리스도인의 삶을 지속적인 영적 싸움으로 묘사한다. 그 진술들은 참이다. 왜냐하면 그리스도인의 마음에는 여전히 하나님을 거역하고 그분의 말씀에서 벗어나고자 하는 성향이 있기 때문이다.

마귀와 세상은 우리가 하나님을 거스르고 그분의 계명을 어기도록 끊임없이 미혹한다. 그렇지만 우리가 육신을 지니고 있지 않다면, 마귀와 세상은 우리에게 어떤 영향력도 행사할 수 없다. 어떤 격언은 이렇게 말한다. "바깥에 있는 원수는 우리를 해칠 수 없다. 반면에 우리 안에 있는 반역자(부패한 마음—역주)은 우리에게 해를 입힐 수 있다."

그렇다면 야고보는 5절의 질문을 통해서 무엇을 성취하려 하는가? "너희는 하나님이 우리 속에 거하게 하신 성령이 시기하기까지 사모한다 하신 말씀을 헛된 줄로 생각하느냐"는 질문을 통해서 그는 우리가 처한 미묘한 입장을 강조한다.

우리는 거룩하신 하나님과 관계를 맺고 있다. 그 하나님은 우리가 온 마음으로 그분을 섬기기를 원하신다. 우리는 마땅히 그렇게 해야 한다. 그러나 찬송가의 한 구절처럼 "우리 맘은 연약하여 범죄하기" 쉽다. 또 하나님은 지극히 위대하신 분이다. 우리는 그분에게 마땅히 전적으로 헌신해야 한다. 그러나 우리는 쉽게 그분을 무시하고 자기 자신을 내세운다.

우리는 종종 죄를 짓는다. 그래서 하나님께 영광을 돌리지 못한다. 이는 우리가 시시때때로 마주하는 곤란한 상황이다. 그렇지만 그 사실을 뼈저리게 인정하는 것은 의미심장한 결과를 가져온다.

우리는 하나님의 절대 주권뿐만 아니라, 그것을 억누르고자 하는 우리의 교만한 성향도 인정해야 한다. 그러면 우리의 영적인 눈이 열려서, 성령님의 권능으로 끊임없이 육신의 행실을 죽여야 할 필요성을 느끼게 될 것이다(롬 8:13).

우리는 거룩하신 하나님 앞에서 두려움을 가져야 한다. 자기 자신을 의지하기를 단념해야 한다. 하나님이 우리에 대해서 절대 주권을 지니신다는 사실을 인정해야 한다. 우리는 종종 하나님의 권리에 무감각해서, 너무나도 쉽게 그것을 비웃고 무시한다는 사실을 기억해야 한다.

하나님의 절대 주권과 자신을 높이고자 하는 우리의 그릇된 성향을 인정한다면, 우리는 오직 하나님만을 신뢰하고 의지하게 될 것이다. 그러면 성령님은 권능으로 우리를 충만히 무장시키시고, 우리의 영적인 눈을 열어 주실 것이다. 또한 우리의 연약함과 영적인 무능력을 뼈저리게 느끼게 함으로써, 우리에게 꼭 필요한 모든 것을 채워 주시는 하나님의 부요하심을 의지하도록 이끌어 주실 것이다. 그리고 하나님의 사랑과 은혜, 자비와 오래 참으심을 기대하게 하실 것이다. 나아가 우리가 하나님 앞에서 거룩한 마음을 품고 거룩한 삶을 사는 데 진지한 관심을 두게 하실 것이다. 왜냐하면 하나님은 이를 매우 중요하게 여기시기 때문이다.

마지막으로, 우리는 하나님이 그분의 은혜에 기초해서 우리와 맺으신 언약에 온전히 기뻐하고 감사해야 한다. 세상이 지음을 받기 전에, 하나님 아버지는 그분의 아들과 언약을 맺으셨다. 하나님이 정하신 때가 되자, 그분은 독생자를 이 세상에 보내셨다. 바로 우리와 같은 죄인과 반역자를 구원하시려는 것이다!

하나님의 아들은 자기를 낮추시고 우리와 같은 사람의 모습으로, 곧 "죄 있는 육신의 모양으로"(롬 8:3) 이 세상에 오셨다! 그분은 우리를 위해서 완전한 의로움의 삶을 사셨다. 십자가 위에서 우리를 위해 자기 몸을 희생 제물로 드리셨다. 그리고 죽은 지 사흘 만에 다시 살아나셨다. 그 후 다시 하늘로 올라가셨다.

지금 그분은 하나님 아버지 우편에 계시면서, 우리를 위해서 끊임없이 간구하신다! 이 영적인 진리를 숙고하면, 그 진리가 우리로 하여금 방황과 수많은 잘못을 진정으로 뉘우치도록 이끌어 줄 것이다. 그리고 하나님의 은혜 안에서 진정한 안식과 평안을 누리게 할 것이다. 또다시 우리는 하나님을 다른 모든 대상의 맨 앞에 모시게 될 것이다.

{ 더 깊은 묵상을 위한 질문 }

1. 영적인 간음이란 무엇을 의미하는가?

2. "우리는 골수암에 단순히 붕대를 붙여서는 안 된다."라는 말은 해당 문맥에서 무엇을 의미하는가?

3. 우리가 다른 사람들과의 싸움이나 다툼에 원인을 제공한다면, 우리가 무엇보다도 먼저 바로잡아야 하는 관계는 무엇인가?

4. 우리의 죄성을 깨닫지 못한다는 것은 과연 영적으로 건강한 것인가? 죄를 억제하는 우리의 능력은 점점 더 성장한다. 그러나 우리는 죄를 더욱더 강하게 의식하게 된다. 그 이유는 무엇인가?

5. 라일(J. C. Ryle)은 이렇게 주장한다. "한편으로, 신앙인은 내적인 평안을 누리고 있다. 다른 한편으로, 그의 내면에서는 끊임없이 영적 전쟁이 일어난다." 이는 무엇을 의미하는가?

6. 야고보는 간음하는 사람들이라는 용어를 사용한다(약 4:4 참조). 그 표현이 지닌 서로 다른 두 강조점은 무엇인가?

7. 우리는 어떤 의미에서 세상을 사랑하는가? 세상을 사랑하는 것은 왜 죄인가?

8. 세상과 벗이 되는 것이 왜 하나님께 신실하지 못하며,
   그분을 거스르는 것인가?

9. 하나님은 거룩하신 분이며, 우리의 죄에 대해서 진노하신다는 사실은
   우리에게 어떤 소중한 기회를 제공하는가?

10. 왜 하나님은 우리에게서 최고의 사랑과 신실한 섬김을 받으셔야 마땅한가?

11. 야고보는 왜 다음과 같은 질문을 덧붙이는가?
    "너희는 하나님이 우리 속에 거하게 하신 성령이 시기하기까지
    사모한다 하신 말씀을 헛된 줄로 생각하느냐"(약 4:5).

12. 하나님은 우리에게서 전적인 헌신을 받아야 마땅한 분이라는 진리에
    우리는 어떻게 반응해야 하는가?
    왜 우리의 타락한 본성은 그렇게 하기를 싫어하는가?

CHAPTER 03

죄로부터 관계 지키기 2 :
오직 하나님의 은혜로 나아오라

"그러나 더욱 큰 은혜를 주시나니 그러므로 일렀으되
하나님이 교만한 자를 물리치시고
겸손한 자에게 은혜를 주신다 하였느니라"(약 4:6).

 야고보는 우리의 죄가 얼마나 우리 마음속 깊숙한 곳에 뿌리내리고 있는지 보여 주었다. 또한 우리로 하여금 그 사실을 바로 마주하게 했다. 그는 우리가 원인을 제공하는 다툼과 불행에 관해서, 그에 대한 책임이 바로 우리에게 있다고 말했다. 우리가 바라는 것이 이루어지지 않을 때, 죄는 바로 우리 마음속에서 비롯된다. 그러므로 우리는 다른 사람에게 우리의 죄에 대한 책임을 떠넘길 수 없다.

한편, 야고보는 우리가 하나님께 구하지 않아서, 우리가 원하는 것을 받지 못하며, 다른 한편으로 우리가 하나님께 간구한다고 하더라도, 종종 우리의 기도는 자기중심적인 혼잣말에 머문다고 지적했다. 또한 하나님은 우리에게서 최상의 충성과 영광을 받으셔야 마땅하지만, 우리는 그분께 신실하지 못하다고 밝혔다.

야고보서 4장 1-5절은 신학적이고 경험적인 측면에서 우리에게 거센 일격을 가한다. 죄로 오염된 우리의 타락한 본성은 우리를 싸움과 다툼에 휩싸이도록 미혹한다. 이 단락은 우리로 하여금 이러한 우리의 본성이 지닌 문제에 대한 해답을 갈망하게 한다.

다음의 논점은 여전히 참이다. 곧 하나님께 진정으로 은혜를 갈망하기에 앞서, 우리는 자신의 죄를 뼈저리게 깨달아야 한다. 야고보는 우리에게 변명할 여지를 전혀 남기지 않고, 오히려 우리가 문제의 핵심이라고 지적한다. 우리의 교만과 탐심, 불신앙은 하나님과 우리의 관계, 자신과 다른 사람의 관계에 심각한 위협이 된다.

6절에서 야고보는 그 문제에 대한 훌륭한 해결책을 설명한다. 바로 우리가 죄성으로 말미암는 우리의 난처한 상태를 진정으로 인정한다면, 우리의 마음은 자연스럽게 어떤 해결책을 찾고자 한다는 것이다. 야고보서는 (부당하게도) 종종 '율법적인' 편지라고 불렸다. 그러나 이 편지는 오히려 우리의 위대한 소망으로서 그리스도 안에 있는 하나님의 은혜를 분명하게 가리킨다(약 2:1; 4:6). 오직 자기 자신만을 의지하는 것은 좋은 결과를 만들지 못한다. 선한 사람이 되기 위해서 자기 혼자 더욱 힘써서 하나님의 계명을 지키는 것은 해결책이 아니다. 오직 자기 힘으로만 온갖 어려운 일을 해결하려는 것도, 자기 의지를 더욱더 강하게 해서 우리 자신을 더 훌륭한 사람으로 만드는 것도 해결책이 아니다.

이 점과 관련해서, 야고보는 우리에게 놓쳐서는 안 될 중요한 말을 들려준다. 곧 우리는 영적으로 매우 난처한 처지에 놓여 있다는 것이다. 우리의 소망은 우리 자신(우리가 가진 것, 지혜나 결심 등) 안에 없다. 그래서 야고보는 이렇게 말한다. "하나님이 교만한 자를 물리치시고 겸손한 자에게 은혜를 주신다"(약 4:6).

그러나 사람들은 종종 하나님의 은혜가 지닌 개념을 오해한다. 때로는 값싼 은혜를 진정한 은혜와 똑같은 것이라고 잘못 이해한다. 어떤 이들은 하나님의 은혜를 죄에 대한 허가증이나 자기의 탐욕을 눈감아 주는 수단으로 그릇되게 인식한다. 다른 사람들은 은혜를 오직 구원과 관련된 것으로만 생각한다. 또 다른 사람들은 은혜를 영적인 주제로 생각하려고 하지 않는다.

그렇다면 성경은 하나님의 은혜가 무엇이라고 말하는가? 야고보는 우리가 쉽게 빠지는 죄와 다툼 및 싸움에 대한 해결책이 바로 하나님의 은혜라고 말한다. 그렇다면 그 의미는 구체적으로 무엇인가?

구원 안에 있는 하나님의 은혜

하나님의 은혜(grace)의 의미를 이해하는 것은 매우 중요하다. 은혜는 하나님이 받을 자격이 없는 우리에게 값없이 주시는 것이다.

영어 성경에서 'grace'라는 단어는 대개 하나님이 사람들을 죄에서 구원하시는 것을 말한다. 이때 그 단어는 다음 사실을 강조한다. 곧 하나님은 사람들이 죄와 영원한 죽음에서 구원을 받을 만한 어떤 선한 행위를 했거나 어떤 자격을 갖추어서가 아니라, 그리스도의 공로와 그들의 믿음에 근거해서 구원의 은혜를 베푸신다는 것이다. 하나님의 은혜는 본질적으로 그것을 받을 자격이 없는 대상에게 주어진다. 다시 말해 사랑과 자비의 하나님은 구원을 받을 만한 가치와 자격이 전혀 없는 (사실상 정반대로 저주를 받아야 마땅한) 사람들에게 구원의 은혜를 베푸신다.

우리는 종종 평범한 개념들이 서로 함께 짜 맞추어져서, 매우 위대하고 광범위한 개념을 만들어 내는 것을 본다. 우리는 어떻게 구원을 받는가? 하나님의 은혜로 받는가, 우리의 믿음으로 받는가, 아니면 그리스도의 공로로 받는가? 성경은 세 가지 모두에 의해서 우리가 구원을 받는다고 말한다.

에베소서 2장 8절은 "너희는 그 은혜에 의하여 믿음으로 말미암아 구원"을 받았다고 말한다. 고린도후서 5장 18절은 하나님이 "그리스도로 말미암아 우리를 자기와 화목하게" 하셨다고 말한다. 이와 관련해서, 어떤 사람은 이런 질문을 제기하고자 할 것이다. "그렇다면, 세 가지 중에서 어떤 것으로 구원을 받나요?" 이 세 가지 모두에 근거해서 우리가 구원을 받는다고 말하더라도, 전혀 모순되지 않는다. 이 세 가지는 서로 조화롭게 작용해서, 구원의 큰 그림을 만들어 낸다.

사도 바울은 그리스도인들이 "예수 안에 있는 속량으로 말미암아 하나님의 은혜로 값없이 의롭다 하심을 얻은 자 되었느니라"(롬 3:24)라고 말한다. 여기서 "의롭다 하심"은 하나님이 어떤 죄인을 의롭다고 선언하시는 것을 가리킨다. 어떤 사람이 그리스도와 그가 전하는 복음을 믿으면, 하나님은 그를 의롭다고 인정하셔서 저주(condemnation)로부터 자유롭게 하신다(롬 5:1).

그리고 여기서 "값없이"라는 표현은 (하나님께 은혜를 받을 만한) '어떤 이유 없이'를 의미한다. 다시 말해서 구원의 은혜는 그것을 받는 사람에게 어떤 가치와 자격이 있어서 주어지는 것이 아니다. 만약 구원의 은혜라는 개념에 가치와 자격의 개념을 넣고자 한다면 은혜의 개념 자체가 파괴된다. 죄인은 모두 하나님의 영광(그분이 제시하시는 영광스러운 표준-역주)에 이르지 못한다. "죄의 삯은 사망"(롬 6:23)이다. 따라서 그들은 모두 하나님에게서 진노와 심판을 받아야 마땅하다.

어떤 사람의 마음과 생각과 언행이 죄로 가득해서, 하나님의 진노와 심판을 받아야 마땅한데도, 하나님에게서 호의를 입는 것이 바로 은혜! 구원은 오직 하나님의 은혜로 받는다. 왜냐하면 구원을 받는 사람은 원래 하나님의 진노를 받아야 마땅한 사람이었기 때문이다. 만약 이 개념을 오해하면, 우리는 하나님이 우리에게 빚을 지고 있으시거나, 우리가 하나님의 사랑을 받을 만한 가치가 있는 존재라고 생각할 수도 있다. 그래서 이 개념을 올바로 이해하는 것은 매우 중요하다.

하나님은 우리가 그리스도로 말미암아 구원을 받는다고 말씀하신다. 우리는 "그리스도 예수 안에 있는 속량으로 말미암아"(롬 3:24), 또한 "그(그리스도)의 피로 말미암아"(롬 5:9, 괄호는 역자 추가) 구원을 받는다. 또 하나님은 그리스도 안에서 우리가 의롭다고 선언하셨다.

이 개념을 올바로 이해하는 것은 중요하다. 그렇지 않으면, 우리는 하나님이 우리의 믿음에 근거해서 우리에게 은혜를 베푸신다고 잘못 생각할 것이다. 마치 우리가 믿었기 때문에 하나님이 우리에게 빚을 지셨다고 오해할 것이다. 그것은 신율법주의(Neonomianism)라고 불리는 신학적 오류다. 그 견해는 믿음을 구원을 얻기 위한 새로운 율법(a new law)으로 만든다. 그러나 그리스도인이 구원을 얻는 근거는 단순히 자기의 믿음만이 아니다. 그 근거는 하나님이자 인간이신 예수 그리스도의 존재 자체와 그분의 사역이다. 그리스도의 완전하고 의로운 삶과 십자가 위에서의 희생적인 죽음은 죄인을 구원하는 법적 근거를 제공한다.

하나님은 심판을 받아야 마땅한 사람들을 부당하게 용서하지 않으신다. 하나님은 절대로 아무런 근거 없이 형벌을 면제하지 않으신다(출 34:7). 죄인을 부당하게 용서하는 행위는 어떤 재판관이 살인자를 눈감아 주는 것과 비슷하다. 그런 재판관은 절대로 공의롭거나 선하지 않다. 이처럼 하나님이 사람들을 그들의 죄에서 구원하시고 불의한 사람들을 의롭다고 선언하실 때, 그분은 불의한 재판관처럼 부당하게 용서하시는 것이 전혀 아니다.

구속(redemption)은 그리스도와 그의 사역으로 말미암아 베풀어진다. 하나님 아버지는 죄인들을 위해서 그리스도를 화목 제물로 세우셨다(롬 3:25). 화목 제물은 하나님의 진노를 가라앉히는 역할을 한다. 죄에 대한 하나님의 진노로 죽음의 형벌이 가해졌다. 그러나 그리스도가 죄인들을 대신해서 그 형벌을 떠맡으셔서, 하나님의 진노를 가라앉히셨다. 곧 그리스도는 죄인들을 대신해서 고난을 받으시고, "우리를 위하여 저주를 받은 바 되사"(갈 3:13) 십자가 위에서 죽으셨다.

따라서 오직 그리스도의 구속 사역으로 말미암아, 하나님의 은혜가 우리에게 주어진다. 그리스도는 우리의 중재자이시자 보증인이시다. 그리스도가 아니라면, 우리는 여전히 하나님의 진노 아래 있을 것이다. 그러므로 우리는 그리스도로 말미암아 구원을 받았다. 우리의 보증인이시자 대속을 위한 희생 제물로서 그리스도가 완전히 의로운 삶과 십자가 위에서의 죽음으로 우리의 구원을 위한 근거를 제공하셨기 때문이다.

또한 성경은 우리가 믿음으로 구원을 얻는다고 말한다. 바로 앞에서 살펴보았듯이, 믿음은 죄인들이 하나님께 은혜를 받고 구원을 얻는 근거가 아니다. 오히려 믿음은 도구다. 그 도구를 통해서 하나님은 우리에게 구원에 이르는 은혜를 베푸신다. 그래서 우리는 오직 믿음으로 구원을 받는다고 말할 수 있다. 왜냐하면 구원을 얻게 하는 도구적 원인(instrumental cause)은 우리의 선한 행위가 아니라, 바로 우리의 믿음이기 때문이다.

하나님은 죄인들이 자기의 행위에 대한 신뢰를 모두 내던지기를 바라신다. 그리고 오직 그리스도만 의지하기를 원하신다. 이 점을 올바로 이해하는 것은 중요하다. 이는 우리가 구원을 얻기 위해서 무엇인가를 해야 한다고 생각하지 않기 위한 것이다. 우리는 믿음으로 말미암아 구원을 받았으며, 그것은 행위에서 난 것이 전혀 아니다(엡 2:8-9).

죄인들이 구원을 얻는 것과 관련해서 이제까지 우리는 서로 다른 세 가지 원인을 살펴보았다. 첫째, 궁극적인 원인(ultimate cause)

이다. 둘째, 유효 원인(efficient cause)이다. 셋째, 도구적인(또는 수단으로서의) 원인(instrumental cause)이다. 서로 구별되는 이 세 가지 범주는 구원의 원인과 관련해서 오랫동안 숙고되어 왔다. 우리가 구원에 대해서 논의할 때, 이 세 가지 영역은 왜 성경이 구원의 원인으로서 다양한 대상과 요인에 대해서 말하는지 설명하는 데 도움을 준다. 정리하면 하나님의 은혜는 구원의 궁극적인 원인이다. 믿음은 도구적인 원인이다. 그리고 그리스도는 유효 원인이다.

오늘날 사람들은 구원을 가져다주는 원인을 이해하는 다양한 방법에 대해서 구체적으로 명확하게 말하지 않는다. 그래서 나는 현실에서 구원과 관련된 이 세 가지 개념을 모두 사용하는 한 가지 구체적인 실례를 제시하고자 한다. 이 실례는 구원의 다양한 원인에 대해서 설명하기에는 완벽하지 않다. 그렇지만 전체적인 구원의 체계 안에서 하나님의 은혜가 어떻게 기능하는지 이해하는 데 도움을 줄 것이다.

어떤 사람이 심각한 탈수증을 겪는다고 하자. 죽지 않으려면, 그는 급히 응급실에 가서, 생리 식염수를 투여해야 한다. 재수화 작용, 곧 생리 식염수를 받는 과정에는 세 가지 원인이 작용한다. 첫째, 의사가 생리 식염수 투여를 결정해야 한다. 둘째, 그 사람의 몸이 필요로 하는 생리 식염수가 준비되어야 한다. 셋째, 식염수를 투여할 수 있는 주입 도구가 있어야 한다. 그 사람에게 생리 식염수가 주입되는 궁극적인 원인은 응급실에서 근무하는 의사다. 그가 결정을 내려야 한다. 재수화 작용의 효과 원인은 생리 식염수다. 도구는 응급실에 마련된 주입 도구다.

생리 식염수가 주입되는 과정에서 그 환자는 의사와 생리 식염수 및 주입 도구의 도움을 받았다. 아무도 그 사실을 부인하거나 반박하지 못할 것이다. 그 세 가지 요소는 모두 재수화 작용에 도움을 주었다. 하지만 각각의 고유한 기능을 이해하려면, 그 세 가지를 서로 구별하는 것이 중요하다.

이 실례를 우리의 구원에 적용해 보자. 은혜가 넘치는 하나님의 마음은 우리가 호의를 입는 궁극적인 원인이다. 우리의 어떤 것도 그것에 궁극적인 도움을 주지 못한다. 그리스도의 존재, 그의 의로운 삶과 대속의 죽음은 효과 원인이다. 우리의 선택이나 믿음은 그와 같은 효과를 가져올 수 없다. 우리의 행위가 아니라, 오직 그리스도에 대한 각 사람의 믿음만이 도구 원인이다.

하나님은 우리에게 은혜의 선물로 믿음을 주신다(빌 1:29). 그리고 믿음과 더불어 우리에게 칭의(justification)가 이루어진다. 앞에서 언급했던 사례를 다시 떠올려 보자. 생리 식염수는 우리 몸이 꼭 필요로 하는 요소를 지니고 있다. 그렇지만 주입 도구와 연결하지 않으면, 우리 몸 안에 주입될 수 없다. 이처럼 은혜의 복음을 믿는 것은 예수 그리스도를 구주로 영접하는 데 꼭 필요한 수단이다.

우리는 죄 사함과 영원한 생명을 얻기 위해서 반드시 그리스도를 영접해야 한다. 이 점과 관련해서 존 플래벨은 이렇게 주장한다. "죄를 용서함에 있어 그리스도의 죽음은 공로 원인(meritorious cause)이다. 믿음은 그 원인을 적용하는 도구 원인(instrumental applying cause)이다. 그리고 그리스도의 피는 반드시 있어야 한다. 그래야 우리의 믿음이 합당한 근거가 있는 것이다."[8]

그리스도는 우리의 영혼에 꼭 필요한 대상이다. 그리스도에 대한 우리의 믿음은 그분에게서 영적인 유익을 받게 하는 수단이다. 그리스도의 존재(신성과 인성, 참 하나님과 참 사람)는 우리가 구원을 얻는 데 꼭 필요하다. 그리스도는 우리를 거듭나게 해서, 새 사람으로 만드신다.

구원받은 모든 그리스도인이 공유하는 새 사람은 아담에게서 물려받은 옛 사람과는 전적으로 다른 존재다. 그리스도는 둘째 아담이다. 첫째 아담과 달리 그는 변하지 않는다. 첫째 아담은 에덴동산에서 유혹을 받고 넘어졌다. 그래서 그는 자신과 더불어 그의 모든 후손을 죄와 죽음으로 내몰았다. 그러나 그리스도는 유혹을 물리치셨다. 그리고 그리스도는 그분을 믿는 이들에게 그분의 완전한 의로움을 영구적으로 주셨다.

하나님의 아들이신 그리스도는 하나님 아버지와 동일한 신성을 지니셨다. 따라서 아담의 의로움과 달리, 그의 의로움은 변질될 수 없다. 신성을 지닌 그리스도는 변화하지 않고, 영원히 존재하며, 자신을 멸망에 내어 주지 않는다. 참 하나님과 참 사람으로서 그분의 완전히 의로운 삶은 그분을 믿는 사람들에게 주어진다. 그래서 그리스도인들이 "하나님의 의"(고후 5:21)가 되었다고 말할 수 있는 것이다.

또한 그리스도는 진정한 인성을 지니고 이 땅에 사람의 모습으로 오셨기 때문에, 십자가 위에서 죽으실 수 있었다. 그리스도는 모든 세대의 그리스도인들에게 그의 대속적 죽음의 효과를 끼친다. 믿음은 이 모든 구성 요소를 한꺼번에 바라본다. 믿음은 그리스도의 존재와 사역을 모두 포용하며, 그 안에서 안식을 취한다. 믿음은 가련하고 죽어 가는 죄인을 완전한 생명을 베푸는 구세주와 연결한다. 이 믿음과 구세주는 은혜가 넘치는 하나님의 마음에서 오는 선물이다.

어떤 사람은 하나님의 은혜, 그리스도와 우리의 믿음에 대한 논의가 서로 싸우고 다투는 인간관계를 치유하는 현실적인 문제와 어떻게 연결되는지 의문을 품는다. 여기에 그 요점이 있다. 우리는 하나님의 은혜와 우리의 믿음과 그리스도로 말미암아 구원을 받았다. 그 사실을 인정할 때 우리는 다음과 같이 깨닫게 된다. 곧 우리는 진정으로 불쌍한 사람들이며, 우리 스스로는 우리의 구원에 아무런 기여도 할 수 없다. 우리는 영적으로 무력한 존재다. 그래서 우리는 자신의 구원에 대해서 하나님께 영광을 돌려야 한다. 또한 우리는 하나님의 은혜를 꼭 필요로 하는 영적 거지다. 그 사실을 간과한다면, 하나님과 우리의 관계에 겸손과 경외심, 감사가 뒤따르지 않을 것이다.

거룩하고 자비로우신 하나님께 나아갈 때, 죄인인 우리는 반드시 그와 같은 자세로 나아가야 한다. 그렇지 않다면, 우리는 자신에 대해서, 곧 자기 자신의 수고와 의지력, 선택, 지혜 등을 높이 평가하면서 하나님께 나아가기 쉽다. 바로 이와 같은 교만으로 말미암아, 사람들은 자기 자신을 높이고자 한다. 그래서 싸움과 다툼의 원인을 제공한다. 우리의 마음속에 교만이 자리 잡고 있고, 하나님과 우리의 관계가 그 교만에서 출발한다면, 의심의 여지없이 우리의 삶에는 분쟁이 일어날 것이다.

그러므로 우리는 다음 사실을 인정해야 한다. 곧, 우리는 영적 거지다. 우리는 하나님께 진노를 받아야 마땅한 존재다. 그러나 하나님은 그리스도를 통해서 우리에게 무한한 은혜를 베푸시고, 영원한 생명을 주셨다. 이처럼 우리는 스스로 갚을 수 없는 엄청난 은혜를 빚졌다. 이 사실은 우리를 지극히 낮추며, 하나님 앞에서 진지하게 간청하게 만든다. 하나님은 바로 이런 사람을 찾으시고 돌보신다(사 66:2). 하나님의 은혜로 구원받았음을 인정하는 것은 하나님과 사람 앞에서 우리를 겸손하게 한다. 하나님의 은혜로 구원받은 사람은 겸손해야 한다. 겸손한 사람은 하나님 안에서 도움을 구한다. 그들은 반드시 그분 안에서 도움을 얻을 것이다.

겸손한 사람을 더욱더
거룩하게 변화시키는 하나님의 은혜

하나님의 은혜는 적어도 두 가지 종류가 있다. 그리스도인을 의롭게 만드는 은혜와 그를 점점 더 거룩하게 변화시키는 은혜다. 바울은 다음 말씀에서 그리스도인을 의롭게 만드는 하나님의 은혜에 대해서 말한다. "너희는 그 은혜에 의하여 믿음으로 말미암아 구원을 받았으니 이것은 너희에게서 난 것이 아니요 하나님의 선물이라 행위에서 난 것이 아니니 이는 누구든지 자랑하지 못하게 함이라"(엡 2:8-9). 그리고 다른 구절에서는 그리스도인을 점점 변화시키는 하나님의 은혜에 대해서 말한다. "그러나 내가 나 된 것은 하나님의 은혜로 된 것이니 내게 주신 그의 은혜가 헛되지 아니하여 내가 모든 사도보다 더 많이 수고하였으나 내가 한 것이 아니요 오직 나와 함께 하신 하나님의 은혜로라"(고전 15:10).

고린도전서 15장 10절에서 바울은 자신이 사도로서 넘치도록 수고했지만, 그것은 자기 자신의 힘으로 행한 것이 아니라고 분명하게 말한다. 그는 자기의 모든 수고를 결코 자랑거리로 여기지 않았다. 바울의 모든 것을 통해 오직 하나님께 영광을 돌리고자 열심을 냈다. 그는 한평생 자신이 수고한 모든 것은 하나님의 은혜로 말미암았다고 말한다. 사실상 받을 자격이 없는 자신에게 하나님이 은혜와 호의로 성화를 베풀어 주셨다고 말한다. 바울의 이 말은 우리가 구원받고 의롭다고 여김을 받은 후에도 하나님의 은혜는 사라지지 않는다는 사실을 넌지시 알려 준다.

하나님은 우리가 세상에 사는 동안 끊임없이 은혜를 부어 주신다. 우리의 영적인 성장은 모두 하나님의 지속적인 자비로 말미암는다. 우리가 거듭나서 그리스도인의 삶을 시작하는 순간이든지, 그 이후로 전개되는 과정이든지 하나님의 은혜는 매 순간 우리 삶에 미친다. 우리는 하나님의 은혜 안에서 숨 쉰다. 하나님이 주관하시는 은혜의 하늘 아래에서 걸어 다닌다. 은혜의 바다에서 헤엄친다. 당신은 영적인 눈으로 어느 곳에서나 은혜가 넘치는 하나님을 볼 수 있을 것이다. 하늘에 계신 아버지께서는 처음부터 끝까지 그분의 손으로 당신의 손을 꼭 잡고 이끄신다.

야고보서 4장 6절은 그리스도인을 점점 더 거룩하게 변화시키는 하나님의 은혜에 대해서 말한다. "그러나 (하나님께서) **더욱 큰** 은혜를 주시나니"(괄호는 역자 추가)라는 말씀은 이 사실을 분명하게 말한다. 그리스도인에게는 자신이 날마다 경험하는 죄의 문제를 해결하기 위해서 하나님의 은혜가 끊임없이 필요하다. 이는 당연히 우리 모두에게 해당한다. 왜냐하면 야고보는 이미 그리스도를 구주로 영접한 그리스도인들에게 편지를 쓰고 있기 때문이다. 그는 날마다 죄와 싸우는 우리를 돕기 위해서 하나님이 우리에게 은혜를 계속 주신다고 말한다. 과연 이것이 당신을 위로하고 격려하는지, 그렇지 않은지에 따라 당신의 영적인 상태가 드러날 것이다.

한편 자기 자신을 의지하는 사람은 이를 좋은 소식으로 여기지 않을 것이다. 자기 육신을 신뢰하는 사람들은 하나님의 은혜 안에서 기쁨을 누리는 삶이 무엇인지 모른다. 그들은 성령님이 함께하며 이끌어 주시는 그리스도인의 삶을 살지 못한다. 반면에 자신의 영적인 연약함과 취약함을 뼈저리게 느끼는 사람은 하나님의 은혜로부터 오는 영적인 도움의 필요성을 절실히 느낀다. 그들은 야고보서의 메시지를 자신들에게 영적인 활력을 주는 하늘로부터 오는 메시지로 여길 것이다.

하나님이 계속해서 더욱더 큰 은혜를 주신다는 이 진리는 우리 삶에 꼭 필요하다. 하나님은 계속 은혜를 베푸신다. 하나님은 그분의 자녀들이 끊임없이 영적인 싸움을 벌이는 현실에 눈을 감으시는 분이 결코 아니다. 그분은 절대로 "나는 너를 도울 만큼 충분히 도와주었다." 또는 "지금까지 너는 나를 얼마나 자주 찾아와서 성가시게 했니?"라고 말씀하지 않으신다.

요한복음의 저자는 모든 그리스도인은 그리스도에게서 "은혜 위에 은혜"(요 1:16)를 받았다고 말한다. 우리는 은혜를 가득 차고 흘러넘치도록 받았다. 요한복음의 해당 절은 그리스도 안에서 하나님의 자비와 도움은 그리스도인들에게 한량없이 영원히 주어진다고 알려 준다. 그리스도는 언제나 솟구쳐 올라 흘러넘치는 생명의 샘이다. 그리스도의 무한한 사랑의 마음으로부터 축복이 영원히 끊임없이 흘러나온다.

야고보는 하나님이 "더욱 큰 은혜"(약 4:6)를 주신다고 약속한다. 그러므로 우리는 언제든지 도움을 간청하기 위해서 하나님께 나아갈 수 있다. 하나님은 절대로 귀찮거나 싫다고 우리를 밀어내지 않으신다. 은혜의 보좌가 비어 있거나, 또는 생명의 샘이 마르는 일은 결코 없다.

야고보서 4장 1-5절의 메시지를 가슴에 새겼다면, 당신은 자신의 책임을 다른 사람들에게 떠넘기면서 손가락질하지 않을 것이다. 오히려 자신의 잘못을 인정하면서, 자기에게 책임을 물을 것이다. 당신은 자신이 얼마나 하나님께 신실하지 못했는지 뼈저리게 느꼈을 것이다. 그것이 하나님과의 관계뿐만 아니라 대인 관계에 얼마나 커다란 해로움을 가져왔는지도 깨달았을 것이다.

거만한 당신은 자신의 온갖 욕망을 하나님과 다른 사람들보다 더 위에 놓았었다. 당신이 원하는 것을 얻지 못했을 때, 싸움과 다툼의 원인을 제공했다. 이제 당신은 이 모든 문제를 어떻게 처리해야 할지 난처한 상황에 놓여 있다. 당신은 자신의 마음이 얼마나 황폐한지 들여다보고 소스라치게 놀라고, 과연 당신이 변화될 수 있는지 의구심이 생겼을 것이다.

야고보는 그런 우리에게 우리를 점점 더 거룩하게 변화시키는 하나님의 은혜가 분명히 주어진다는 사실을 확인시켜 준다. 그 사실을 입증하려고, 그는 4장 5절에서 구약 성경 구절을 인용한다. 하나님은 "겸손한 자에게 은혜를 베푸"(잠 3:34)신다.

우리는 이 말씀에 어떻게 반응해야 하는가? 먼저 우리는 그 말씀이 참이라고 굳게 믿어야 한다. 하나님은 은혜를 베푸셔서, 우리를 점점 더 거룩하게 하시고 우리가 죄를 이기게 하신다. 당신은 하나님이 은혜와 능력을 주셔서, 죄를 이기게 하신다고 굳게 믿는가? 이 사실을 확신하는 것은 죄를 극복하는 힘이 당신 자신에게는 없다고 인정하는 것이다.

사람들은 자신에 대해 절망할 때, 비로소 황급히 하나님께 나아가 도움을 간청한다. 만약 당신이 영적인 무능력을 인정한다면, 당신의 죄를 해결하는 것과 관련해서 그리스도 안에 소망이 있다고 확신하는가? 인간관계에서의 싸움 및 다툼과 관련해서, 당신은 큰 소리로 외치면서 기꺼이 그리스도께 도움을 청하겠는가? 절망적인 상황에서 벗어나기를 갈망하며 주님을 온전히 의지하겠는가?

이제 당신은 죄를 이기기 위해서, 또한 주위 사람들에게 더는 싸움과 다툼의 원인을 제공하지 않기 위해서 우리를 거룩하게 하는 하나님의 은혜를 받을 필요가 있다는 사실을 인정했다. 이제 당신의 머릿속에 한 가지 의문점이 떠오를 것이다. "어떻게 내가 하나님께 이 은혜를 받을 수 있지? 나는 그 은혜가 절실히 필요한데." 그렇다면 당신은 담대하게 은혜의 보좌 앞으로 나아가야 한다. 하나님에게서 긍휼하심을 받고, 때를 따라 돕는 은혜를 얻어야 한다(히 4:14-16).

어떻게 하나님께 나아가서, 도움을 얻을 수 있는가? 어떻게 마음속에 남아 있는 죄악을 뿌리 뽑을 수 있는가? 어떻게 나쁜 습관을 버릴 수 있는가? 이 질문과 관련해서, 야고보가 인용하는 잠언 구절은 하나님이 겸손한 사람에게 은혜를 베푸신다고 말한다. 그러므로 우리가 하나님께 나아가서, 우리를 거룩하게 변화시키는 은혜를 받고자 한다면, 반드시 교만을 버려야 한다. 하나님과 그분의 뜻과 계획보다 자기 자신이 바라는 것을 더 높이면 안 된다. 이는 우리가 다시 한번 진지하게 진정으로 회개해야 한다는 뜻이다. 우리는 자신의 죄를 철저하게 미워하며, 그것을 극복하기 위해서 하나님께 나아가서 도움을 간청해야 한다.

안타깝게도 진정으로 자기의 죄를 미워하는 사람들은 그렇게 많지 않다. 그들은 하나님에게서 자기를 거룩하게 변화시키는 은혜를 받지 못해서 싸움과 다툼의 요인을 쉽게 없애지 못한다. 어떤 사람이 당신에게 다음과 같은 흥미로운 질문을 제기한다고 상상해 보자. "당신을 성가시게 하는 죄의 문제가 있다. 당신은 하나님께 그것을 없애 달라고 계속해서 간구했다. 하지만 바울의 몸 안에 있던 어떤 가시처럼, 하나님은 그것을 좀처럼 제거해 주시지 않는다. 이때 당신은 어떻게 하겠는가?"

아마도 이 사람은 정말로 어떤 골치 아픈 죄로 시달리고 있었을 것이다. 그것이 그에게 너무 깊이 뿌리를 내리고 있어서, 매우 소중한 사람들과의 관계를 훼손하기도 했을 것이다. 자, 당신은 이 질문에서 그릇된 점을 간파할 수 있는가? 그는 자신의 죄와 관련해서 은밀히 하나님께 불만을 제기하는 듯하다. 그렇지 않은가? 또한 그는 하나님이 자기에게 계속해서 은혜와 능력을 베푸신다는 사실을 의심하고 있는 듯하다. 당신은 이 질문에 무엇이라고 대답하겠는가?

한편 사도 바울의 몸 안에 있던 가시는 죄와 관련된 것은 아니었다. 그것은 육신의 질병이었다. 자기의 "여러 가지 약한 것들에 대하여 자랑"한다는 바울의 말은 죄와 관련된 것이 아니었다는 말이다(고후 12:9-10). 그러므로 만약 우리가 끊임없이 어떤 죄를 짓고 있다면, 우리가 죄를 극복하기에 충분할 정도로 그 죄를 미워하지 않는다고 추측할 수 있다.

여전히 우리는 죄에 대해서 관대하게 생각하고, 그것을 정당화하며, 다른 사람들에게 책임을 떠넘기며, 변명을 늘어놓고 있을 것이다. 우리는 그 대신 얼굴을 떨구고 슬픔에 깊게 잠긴 채 죄의 문제를 해결해 달라고 울부짖어야 한다. 우리가 그 죄를 진정으로 미워하도록 하나님께 간청해야 한다. 야고보가 하나님께 더 큰 은혜를 얻기 위해서는 자신을 낮추어야 한다고 말할 때, 그는 이러한 자세를 가져야 한다고 강조하는 것이다.

죄를 이길 수 있는 능력을 얻기를 바라는가? 그렇다면 자기를 낮추고 겸손히 하나님께 나아가라. 자기 욕심을 내세우며, 다른 사람들에게 다툼의 원인을 제공하는 교만한 마음과 자세를 버리라.

어떤 사람들은 죄를 충분히 미워하지 않는다. 또 어떤 사람들은 죄를 미워하지만, 그것의 맹렬한 힘에 짓눌려서 몹시 고통스러워한다. 그리고 그 상황 속에서 절망한다.

이전에 어떤 사람이 내게 죄와 오랫동안 씨름하면서 의기소침해 있는 사람에게 무슨 말을 들려줘야 하는지 물었다. 그는 정말로 죄를 미워하지만, 계속 반복해서 그 죄를 지었다. 그것이 그를 낙심에 빠트렸고, 그는 자기의 영적 상태에 대해서 심각한 의문을 품었다. 그런 사람에게 다음과 같이 말하기는 쉬울 것이다. "당신을 그만 바라보세요. 대신에 그리스도의 완전하심을 바라보고, 깊이 묵상하세요." 물론 그 사람은 그리스도의 완전하심을 바라보아야 한다. 그것은 중요하다. 왜냐하면 하나님의 은혜는 그리스도를 아는 것에서 오기 때문이다. 그리스도를 오랫동안 바라보며 묵상하면, 그것은 그리스도인의 영혼에 영적인 능력을 준다. 그리스도께서 죄인들을 대신해서 십자가 위에서 자기의 몸을 희생 제물로 내어 주셨기 때문이다.

다른 한편으로, 그리스도는 우리에게 성령님을 보내 주셨다. 성령님은 그리스도인들에게 영적인 능력을 공급해 주셔서, 그들이 죄와 싸워서 이기게 하신다(갈 5:16). 그리스도인이 성령님의 능력으로 무장되는 것은 매우 중요하다. 사도 바울은 그 성령님의 능력을 통해서 그리스도인들이 자기 삶의 변화를 입증하기를 기대하며 강조했다(딛 3:6-8).

그러므로 누구든지 자신이 죄 앞에 속수무책이며, 여러 가지 욕망에 휘둘린다고 해서 낙심하면 안 된다. 왜냐하면 "죄가 너희를 주장하지 못하리니 이는 너희가 법 아래에 있지 아니하고 은혜 아래에"(롬 6:14) 있기 때문이다. 하나님은 그리스도를 통해서 우리에게 성령님의 능력을 부어 주신다. 그 능력으로 우리는 이 세상에 사는 동안 죄와 싸워야 한다. 성령님은 우리에게 승리를 기대하게 하시며, 승리를 가져다주신다. 다시 말해서, 우리는 세상에 사는 동안 하나님의 말씀을 무기로 삼고, 성령님의 능력에 힘입어 영적 싸움을 해야 한다. 그러면 우리는 세상을 이길 것이다(요일 5:4).

앞에서 언급한 그 사람이 내게 질문했을 때, 나는 두 가지 성경 본문(요 6:68; 창 32:26)이 머릿속에 떠올랐다. 그 두 구절은 죄와 힘겨운 싸움을 하고 있지만, 그 싸움에서 질까 두려워하는 이들에게 분명히 도움이 될 것이다.

첫 번째 구절은 예수님의 질문에 대한 베드로의 대답이다. 예수님의 가르침을 듣고도 그 의미를 깨닫지 못해서, 몇몇 사람은 그분을 떠나갔다. 그러자 예수님은 제자들에게 이렇게 물으셨다. "너희도 가려느냐?"(요 6:67). 그때 베드로는 이렇게 대답한다. "주여 영생의 말씀이 주께 있사오니 우리가 누구에게로 가오리이까?"(요 6:68).

당시 베드로는 오직 한 사람, 곧 예수 그리스도께 자기의 모든 희망을 두었다. 당신이 죄와 힘겹게 싸울 때, 가장 먼저 해야 할 일은 무엇인가? 그것은 그리스도 이외에 당신을 도와주거나 당신에게 소망을 줄 대상은 없다고 확신하는 것이다. 그래서 모든 의심을 떨쳐 버리고, 그리스도께서 기꺼이 당신을 도와주시며, 또한 당신에게 죄를 이길 수 있는 영적인 능력을 공급해 주신다고 굳게 믿는 것이다. 당신의 죄의 문제를 해결해 줄 수 있는 분은 오직 예수 그리스도뿐이다. 그러므로 당신의 모든 소망은 오직 그리스도 안에 있다. 예수 그리스도가 바로 당신의 대답이다.

두 번째 본문은 야곱이 천사에게 말한 것이다. 밤새도록 야곱과 씨름하던 천사는 야곱에게 이제 자신이 떠나도록 놓아달라고 말했다. 그러자 야곱은 이렇게 대답한다. "당신이 내게 축복하지 아니하면 가게 하지 아니하겠나이다"(창 32:26). 사실 야곱은 그리스도인들에게 좋은 본보기를 많이 보여 준 인물은 아니다. 그러나 분명히 이 장면에서 그는 매우 의미심장한 본보기를 보여 준다. 그는 절대로 포기하지 않는다. 하나님께 축복을 받으려고 그는 떼를 쓰면서 끈질기게 간청한다. 야곱은 '하나님과 겨루어 이겼기'에 바로 이 특성에 근거해서 이스라엘이라는 이름을 얻었다(창 32:28).

바로 이것이 죄와 겨루는 영적 싸움에서 이기는 비결이다. 곧, 유일한 소망이신 그리스도 안에서 하나님을 보는 것이다. 하나님을 온전히 신뢰하고 의지하는 것이다. 절대로 포기하지 않은 채, 하나님께 끈질기고 강력하게 도움을 간청하는 것이다.

당신은 죄와 싸우는 과정에서 낙심한 채 쓰러져 있는가? 그렇다면 꼭 이 두 성경 구절을 함께 마음에 새기고 기억하라. 하나님은 기꺼이 당신을 도와주신다. 당신을 점점 더 거룩하게 변화시켜 나갈 능력이 하나님께 있다. 이것을 굳게 믿으라. 어떤 상황에서든지 포기하지 말라. 하나님께 죄와 유혹을 이길 수 있는 지혜와 능력을 구하라.

아빌라의 요한(Juan de Avila)은 이렇게 말한다. "하나님께 자비를 얻기 위해서 어떻게 해야 하는가? 자신이 죄인이라고 고백하며, 그분께 나아가는 것밖에 다른 방법은 없다. 다른 방법으로 나아가고자 하는 사람은 절대로 그 목적을 이룰 수 없다. 당신 자신이 얼마나 불쌍한 사람인지 분별하라. 그러면 하나님은 그분의 선한 옷으로 당신을 따스하게 감싸 주실 것이다."[9]

{ 더 깊은 묵상을 위한 질문 }

1. 야고보서 4장 6절은 왜 율법적인 말씀이 아닌가?
   야고보는 죄와 관련된 우리의 문제에 대해서
   하나님의 도우심 없이 단순히 율법을 지키면 된다고 주장하는가?
   아니면 하나님이 더욱 큰 은혜를 주신다고 말하는가?

2. 하나님의 은혜는 무엇을 의미하는가?

3. 우리가 은혜로 구원받았다는 것은 무엇을 의미하는가?
   이것은 우리가 그리스도로 말미암아, 믿음으로 구원받았다는 진리에
   어떻게 부합되는가?

4. 우리가 하나님의 은혜로 구원받았다는 사실을 아는 것은
   죄와 싸우는 데 어떤 도움을 주는가?

5. 우리를 점점 더 거룩하게 만드는 하나님의 은혜는 무엇을 의미하는가?
   야고보서 4장 6절이 우리를 거룩하게 하는 은혜에 대해서
   말하고 있음을 어떻게 알 수 있는가?

6. 하나님이 "더욱 큰 은혜를 주"(약 4:6)신다는 구절은
   왜 우리에게 힘과 위로가 되는가?

7. 우리를 거룩하게 하는 하나님의 은혜를 끊임없이 받기 위해서
   우리는 하나님께 어떻게 나아가야 하는가?

8. 우리가 계속해서 반복적으로 어떤 죄를 짓고 있다면,
   하나님이 우리에게 능력을 주시지 않는다고 그분께 책임을 떠넘기는 대신에,
   우리는 어떻게 해야 하는가?

9. 그리스도인이 죄로 말미암아 어쩔 줄 몰라 하고,
   여러 가지 욕망에 사로잡혀 있는 것은 자연스러운 모습인가?

10. 어떤 죄를 미워하지만 계속해서 그 죄를 지을 때,
    우리는 하나님께 어떤 자세를 취해야 하는가?

CHAPTER 04

죄로부터 관계 지키기 3 :
겸손히 회개하라

"그런즉 너희는 하나님께 복종할지어다
마귀를 대적하라 그리하면 너희를 피하리라
하나님을 가까이하라 그리하면 너희를 가까이하시리라
죄인들아 손을 깨끗이 하라
두 마음을 품은 자들아 마음을 성결하게 하라"(야고보서 4:7-8).

죄와의 싸움과 사람들과의 다툼을 해결하기 위해서 우리는 반드시 우리를 거룩하게 만들어가는 하나님의 은혜를 얻어야 한다. 그러기 위해서 우리는 그 은혜가 꼭 필요하다고 절실히 느껴야 한다. 또한 진정으로 은혜를 받을 수 있다고 굳게 믿어야 한다. 그리고 진심으로 뉘우치면서 겸손히 하나님께 은혜를 구해야 한다.

이제 야고보는 겸손한 회개가 무엇을 의미하는지 자세하게 설명한다. 그리고 그는 그것을 구체적으로 보여 준다. 그래서 우리의 마음 상태를 있는 그대로 파악해 진정한 회개로 이끈다.

4장 6절과 7절이 서로 어떻게 이어지는지 주목하라. 야고보는 6절에서 하나님이 "겸손한 자에게 은혜를 주신다"는 잠언의 말씀을 인용한다. 그리고 7절에서 "그런즉 너희는 하나님께 복종할지어다"라고 권면한다. 곧 그는 하나님이 어떤 분이신지에 비추어서, 우리가 그분께 어떻게 반응해야 하는지 설명한다.

또 우리를 거룩하게 만드는 은혜를 얻기 위해서 우리가 하나님께 어떻게 나아가야 하는지 알려 준다. 우리는 하나님께 겸손히 나아가지 않아서, 죄와의 싸움과 사람들과의 다툼을 해결하는 데 꼭 필요한 능력을 받지 못한다.

야고보는 우리가 죄와 다툼을 극복하는 데 꼭 필요한 은혜를 받기를 바란다. 그렇다면 하나님께 은혜를 받기 위해서 겸손히 그분께 나아간다는 것은 구체적으로 무엇을 의미하는가? 우리는 진정으로 하나님 앞에서 자기를 낮추고 있는가? 아니면 여전히 자기를 높이고자 하는 마음을 품고, 그와 같은 자세를 취하고 있는가? 야고보는 하나님의 은혜를 얻기 위해서 회개하며 그분께 겸손히 나아가는 모습을 몇 가지로 묘사한다. 그 모습을 올바로 파악하는 것은 다음 주제를 이해하는 데 큰 도움을 준다.

그렇다면, 자비롭고 은혜로우신 하나님과 불쌍한 죄인은 어떤 관계에 있는가? 죄인은 하나님 앞에서 어떤 자세를 지녀야 하는가? 하나씩 알아보자.

하나님께 복종하라!

첫째, 우리는 하나님께 복종해야 한다. 하나님은 교만한 사람을 물리치시고, 겸손한 사람에게 은혜를 베푸신다. 따라서 우리가 하나님께 은혜를 받으려면, 그분께 복종해야 한다. 여기서 야고보가 사용한 '복종하다'라는 단어는 '어떤 사람이 다른 대상 아래에 자신을 위치시킨다' 또는 '어떤 대상에게 굴복하다' 등을 의미한다.

야고보가 우리 자신을 하나님보다 아래에 두라고 권면하는 것은 지극히 당연하다. 왜냐하면 우리의 문제는 바로 하나님 말씀보다 우리의 다양한 욕망을 더 앞에 내세워서, 하나님께 죄를 지었기 때문이다.

우리는 자신의 다양한 욕망을 극대화한 반면에 하나님과 그분의 가르침은 최소화했다. 그러므로 우리는 반드시 이 점을 인정하고 회개해야 한다. 그리고 우리의 생각과 발걸음을 하나님께로 되돌려야 한다. 우리는 하나님을 창조주와 만물의 주관자로서 그분께 합당한 자리에 모셔야 한다. 그리고 우리 자신을 그분의 아래에 놓아야 한다. 하나님은 보좌에 앉으셔야 하고, 우리는 하나님께 경배해야 한다.

우리 마음은 어떤 대상에게 집중하거나 그 대상에게 우선권을 부여하는 능력이 있다. 그래서 우리가 하나님께 관심의 초점을 맞추거나, 우리의 사고의 중심에 그분이 계시다면, 다른 모든 대상은 자연스럽게 가장자리로 밀려날 것이다. 반대로 우리가 다른 대상들에게 관심을 기울인다면, 하나님은 가장자리로 밀려날 것이다.

예를 들어 우리를 근심하게 하는 어떤 인간관계나 좋아하는 어떤 활동의 이슈(심지어 어떤 신학적인 이슈라고 하더라도)에 몰두한다면, 우리는 하나님을 가장자리에 위치하게 하는 것이다. 그러니 언제나 하나님은 우리의 관심에서 첫 번째, 최고의 대상이어야 한다.

때때로 사람들은 이 점을 혼동한다. 한 가지 예를 들어 보자. 사람들은 자기가 하는 일이 온종일 완전한 집중을 요구한다고 생각한다. 그래서 틈틈이 시간을 내서 하나님을 생각하는 일은 상상하지 못한다. 그러나 이것은 사람들이 생각하는 것만큼 단순한 문제가 결코 아니다. 왜냐하면 관심을 어디에 두고 있는가는 중요한 진리를 드러내기 때문이다.

이는 단순히 당신이 하나님께 얼마나 많은 관심을 기울이는가에 국한된 문제가 아니다. 하나님을 첫 번째 관심 대상으로 모시는 것은 '관심'의 문제일 뿐만 아니라, '관계'의 문제다. 우리는 단순히 하나님을 중심에 모셔야 할 뿐만 아니라, 하나님이 우리의 모든 곳에 계시게 해야 한다. 하나님은 우리 삶의 한가운데에 계셔야 한다. 또한 하나님은 우리 삶의 모든 것을 주관하셔야 한다(고후 10:5).

앞에서 언급한 이슈와 관련해서, 핵심 질문은 바로 이것이다. 하나님은 우리 삶의 중심에 계신가? 우리는 모든 것을 하나님과 연관시켜서, 하나님이 그것을 주도하시게 하는가? 이와 관련해서, 스스로 살펴보도록 도와줄 몇 가지 고려 사항을 제시하고자 한다.

당신이 성경을 읽는 데 일정 시간을 내지 않는다면, 심지어 개인 예배를 드릴 때마저도 성경을 읽기 위한 짧은 시간을 할애하지 않는다면, 당신은 하나님을 당신의 삶의 중심에 모시지 않는 것이다. 당신이 하나님의 계명을 소홀히 여긴다면, 당신은 하나님을 공적인 예배의 중심에 모시지 않는 것이다. 당신이 하나님의 명령 가운데 한 가지라도 무시한다면, 당신을 주도하고자 하시는 하나님의 권위를 소홀히 여기는 것이다.

앞에서 언급한 세 가지 사항은 당신이 하나님을 삶의 중심에 모시고 있는지 판단하는 데 도움을 줄 것이다. 이제 하나님이 당신의 삶의 모든 영역에 계시며 주관하시는 것에 대해서 생각해 보자.

당신이 하나님을 온전히 의지하며 기도하지 않으면서 어떤 일을 성취하고자 한다면, 그것은 당신이 추구하는 모든 목표와 성취에 하나님이 관여하시게 하는 것이 아니다. 하나님께 복종하는 것은 하나님의 고유한 자리를 돌려드리는 것이다.

하나님은 우리의 중심에 계신다. 우리는 언제나 그분께 모든 관심의 초점을 맞추어야 한다. 또한 하나님은 우리 삶의 모든 영역과 관련되어 있으시다. 그래서 하나님께 복종하는 것은 우리가 바라는 것을 하나님보다 더 높은 곳이 아니라, 그것에 합당하고 종속적인 위치에 놓는 것을 포함한다. 우리가 바라는 대상을 하나님보다 더 높은 곳에 두는 것이 바로 교만이며, 이는 싸움과 다툼을 가져올 것이다.

하나님이 원하시는 길에서 벗어나서 다른 길로 가고자 하는 우리의 모든 시도에 대해 생각하면, 당혹스럽고 낙심될 것이다. 그러나 감사하게도 하나님은 회개하는 죄인들을 도와주시려고 은혜를 베푸신다. 그러므로 우리는 우리를 거룩하게 변화시키는 하나님의 은혜를 갈망해야 한다! 우리는 하나님이 자비를 베풀어 주시기를 간청해야 한다.

하나님은 우리의 모든 난처한 문제에 올바르고 적합한 해답을 주신다. 심지어 우리가 불분명하게 기도해도, 하나님은 그 기도를 정확하게 알아들으신다. 때로 우리가 잘못 기도한다고 하더라도, 하나님은 그 기도를 올바른 방향으로 이끌어 주신다. 하나님은 우리의 모든 기도에 응답하시며, 우리를 도와주신다.

특별히 우리가 낙심할 때 하나님께 복종하는 것은 중요하다. 또 야곱이 경험했던 것처럼(창 42:36 참조) 우리의 모든 기대가 무너져서 사면초가일 때, 하나님께 복종하는 것은 매우 중요하다. 그와 같은 상황에 놓이면 우리는 사람들에게, 심지어 하나님께 불만을 쏟아내고 화를 내려 할 것이다.

여러 가지 실패를 경험할 때, 우리는 사람들과 다투며 그들에게 험한 말을 하고 거친 행동을 하게 될 가능성이 커진다. 그와 같은 상황에 놓일 때, 야고보서의 말씀은 특별히 더 적합하다. 그리스도보다 당신 자신과 당신의 온갖 욕망을 더 소중하게 여기는 성향이 있음을 인정하라. 사실상 당신은 종종 원하는 것을 얻기 위해서 그리스도를 따르고자 한다는 점을 시인하라. 당신의 마음속 탐심을 올바로 분별하라. 탐심은 영적인 간음이다. 당신의 본성이 부패했다는 사실을 받아들이라. 그와 같은 본성은 하나님보다 당신 자신을 더 높이고자 한다. 당신의 부패한 마음을 원수로 간주하라. 그 원수를 담대하게 물리치라. 당신 편이 아니라 하나님 편에 서라. 주님 앞에 겸손히 무릎 꿇으라. 예수 그리스도는 당신 대신에 십자가의 고통을 겪으셨고, 당신을 위해서 죽으셨다. 따라서 그리스도는 당신에게서 최고의 사랑과 섬김을 받으시기에 마땅하다.

당신이 이와 같은 마음과 자세로 하나님께 나아온다면, 당신은 진정으로 뉘우치며 회개하는 것이다. 그러면 하나님은 당신에게 은혜를 풍성히 베풀어 주실 것이다. 왜냐하면 당신은 진정으로 하나님께 복종할 준비가 되었기 때문이다.

하나님은 겸손한 사람에게 은혜를 베푸신다. 반면에 교만한 사람은 돕지 않으신다. 심지어 하나님은 그분 앞에서 그들을 내쫓으신다! 그러므로 당신은 하나님께 겸손히 복종해야 한다. 그리고 삶의 모든 영역에서 하나님을 중심에 모시고, 그분께 최고의 자리를 드려야 한다.

마귀를 대적하라!

둘째, 우리는 마귀를 대적해야 한다. 이것은 하나님께 복종하는 것과 함께 동전의 다른 한 면이다. 우리가 진정으로 하나님께 복종한다면, 우리는 본질적으로 그분의 원수인 마귀를 대적하게 된다.

당신의 삶이 싸움과 다툼으로 가득한가? 그렇다면 마귀가 당신 삶의 한가운데서 사는 것이다. 마귀가 온갖 싸움과 다툼으로 당신에게 지옥 파티를 열어 주면, 당신은 그 파티에 참여해서 "혼란과 모든 악한 일"(약 3:16)이 일어나는 데 기여하고 있는 것이다. 야고보는 우리에게 이 상황을 뒤집으라고 권면한다. 그는 하나님께 복종하는 것이 원수를 쫓아냄을 우리에게 확인시켜 준다.

당신은 싸움과 다툼의 원인을 제공하는 것이 마귀에게 굴복하는 것이라는 관점에 동의하지 않을 수도 있다. 그러나 사도 바울은 그리스도인은 저마다 다음과 같은 영적인 싸움을 해야 한다고 분명하게 말한다. "마귀의 간계를 능히 대적하기 위하여 하나님의 전신 갑주를 입으라 우리의 씨름은 혈과 육을 상대하는 것이 아니요 통치자들과 권세들과 이 어둠의 세상 주관자들과 하늘에 있는 악의 영들을 상대함이라"(엡 6:11-12).

마귀의 부추김을 받을 때, 타락한 본성을 지닌 그리스도인들이 죄를 범하기도 하고, 실수하기도 하며, 넘어지기도 하는 것은 충분히 가능한 일이다. 싸움과 다툼은 그러한 것들 가운데 하나다.

당신이 하나님의 자녀이지만 죄를 범했다면, 일시적으로 마귀의 유혹에 빠졌다는 사실을 솔직하게 받아들이라. 당신의 그와 같은 행위는 마귀의 의도와 밀접하게 연결되어 있음을 분별하라. 사실 그 행위는 영적인 표지판 역할을 한다. 시기와 다툼은 "땅 위의 것이요 정욕의 것이요 귀신의 것"(약 3:15)이기 때문이다.

이를 야고보처럼 단도직입적으로 표현해 보자. 원수, 곧 마귀와 형제처럼 친하게 사귀기를 그만두라. 이전에는 그의 앞에서 납작 엎드렸지만, 이제는 그를 단호하게 밀쳐 내라. 마귀에게 '친애하는 존에게'로 시작하는 편지를 쓰라. (이전에 한 여인이 한 남자를 사랑했고 서로 미래를 약속했지만, 상황이 바뀌고 마음이 변해서 그 남자에게 이별을 알리는 편지를 가리킨다. 그래서 '사랑하는 존'이 아니라, '친애하는 존'이라는 표현으로 편지가 시작된다. –역주) 마귀에게 이와 같은 자세를 취한다면, 당신은 하나님이 우리와 같은 죄인들에게 은혜를 베푸신다는 사실에 다시 한 번 놀랄 것이다. 마귀를 단호하게 거부하는 것은 하나님 앞에서 진심으로 철저하게 회개하는 것이다. 그러면 우리는 하나님이 은혜를 베푸신다는 사실을 진정으로 경험할 수 있다.

하나님은 지극히 관대하신 분이다. 하나님께 신실하지 못했던 사람들이 진심으로 뉘우치고 돌아오면, 그분은 그들을 반가이 맞아 주시며 도와주신다. 그러나 우리가 여전히 하나님의 원수인 마귀에게 환심을 사고자 말하고 행동한다면, 어떻게 우리가 하나님에게서 도움을 기대할 수 있겠는가?

하나님께 가까이 나아가라!

셋째, 우리는 하나님께 가까이 나아가야 한다. 이는 싸움과 다툼에 휘말린 우리는 하나님에게서 벗어나 다른 길에서 헤매고 있음을 전제로 한다.

회개는 잘못된 방향에서 돌이켜서, 다시 하나님에게로 나아가는 것이다. 어떤 그리스도인은 이 말을 받아들이기를 꺼린다. 왜냐하면 그는 참된 그리스도인들은 하나님을 배반할 수 없다고 믿기 때문이다.

참된 그리스도인이 하나님을 배반할 수 없다고 생각하는 것은 올바른 신앙관이다. 그런데 사실 교회를 다니던 어떤 사람들은 하나님을 배반하고 완전히 떠난다. 그들의 그런 행동은 그들이 결코 참된 그리스도인이 아니었다는 사실을 드러낸다(요일 2:19 참조).

그리스도에 대한 참된 신앙을 가진 사람들은 절대로 신앙을 완전히 버리고 멸망의 길로 가지 않는다(요 10:28). 그렇지만 안타깝게도, 그리스도인도 가끔 길을 잃거나, 곁길로 빠지거나, 또는 죄악된 생활 방식을 따른다.

우리는 싸움과 다툼의 실상을 영적으로 올바로 분별해야 한다. 싸움과 다툼은 하나님에게서 벗어나는 것이다. 그러나 하나님은 결코 우리를 떠나지 않으신다. 심지어 우리가 하나님을 잠시 떠나 방황할지라도, 하나님은 그때에도 선하심과 자비하심으로 우리와 함께하신다. 하나님은 모든 것 심지어 우리의 그릇된 방황까지도 서로 합력하게 하셔서 선을 이루어가신다(롬 8:28 참조)!

그렇지만 우리는 여전히 방황한다. 우리는 여전히 하나님이 원하시는 길에서 벗어나 있다. 그러므로 당신은 그 길에서 돌이켜서 하나님 아버지께서 당신에게 의도하신 길로 나아가야 한다. 예수님의 비유 가운데 이른바 '탕자의 비유'가 있다. 그 비유에서 언급되는 둘째 아들은 자신의 비참한 처지를 깨닫고 뉘우치고 돌이켜서 아버지가 있는 집으로 돌아간다(눅 15:11-32 참조). 그 둘째 아들처럼 당신도 그릇된 길에서 돌이켜서, 하나님에게로 나아가야 한다.

야고보는 우리가 하나님께 가까이 나아가면, 그분께서도 우리에게 가까이 다가오신다고 말한다. 우리가 잠시 방황할 때도, 사실 하나님은 우리를 버리지 않으셨다. 현재 일이나 장래 일이나 어떤 것도 우리를 그리스도 예수 안에 있는 하나님의 사랑에서 끊을 수 없다(롬 8:38-39).

그리스도께서 우리의 모든 죄를 대신 지고 십자가 위에서 죽으셨을 때, 그 모든 죄는 이미 십자가에 못 박혔다. 심지어 우리가 앞으로 지을 죄도 마찬가지다(골 2:13-14). 우리의 어떤 죄도 하나님을 당황스럽게 하지 않는다. 우리의 어떤 죄도 하나님이 우리의 구원을 거부하시게 하지 않는다. 우리의 모든 죄는 하나님께 이미 낱낱이 알려져 있다. 우리가 하나님께 복종할 때와 마찬가지로, 잠시 길을 잃고 헤맬 때도 우리는 이미 구원을 받았다.

하나님의 사랑과 함께하심은 우리의 행위에 달려 있지 않다. 이 사실을 올바로 아는 것은 매우 중요하다. 그렇지 않으면 우리는 일종의 행위에 근거한 구원론에 빠질 수 있다. 그와 같은 그릇된 구원론은 하나님이 우리를 받아들이시는 것이 마치 우리 자신에게 달린 것처럼 오해하게 만든다.

하나님의 자녀들이 가끔 방황하더라도, 하나님은 그들을 버리지 않으신다. 그렇지만 하나님은 그들을 채찍질하며 징계하신다. 그것이 바로 하나님이 그들을 아버지의 사랑으로 보살피신다는 표시다(히 12:5-6). 하나님이 우리를 징계하실 때, 그것은 우리를 힘들게 할 수 있다. 그때에는 하나님이 우리에게서 멀리 계신 듯하고, 숨으신 것처럼 느껴진다(시 10:1 참조). 심지어 하나님이 내게서 관심을 거두시고, 나를 도와주지 않으신다는 생각이 들기도 한다(시 66:18). 그렇지만 하나님이 그렇게 하실 때, 하나님은 우리를 버리신 것이 아니다. 오히려 하나님은 우리를 회개로 이끄려고 훈육하시는 것이다.

그래서 야고보는 하나님이 우리에게 다시 다가오셔서, 기도를 들어주시고, 영적인 능력을 부어 주셔서, 우리를 강건하게 해 주시기를 원한다면, 우리는 반드시 가던 길에서 돌이켜서 하나님께 돌아가야 한다고 말한다.

존 칼빈은 이렇게 주장한다. "우리가 하나님에게서 멀리 가면 갈수록, 그분은 우리가 되돌아오기를 간절히 바라신다."[10] 당신이 일으킨 싸움으로 말미암아 슬퍼하며 그리스도에게로 돌아오기를 갈망한다면, 당신은 하나님께 감사해야 한다. 왜냐하면 하나님은 이를 통해서 당신 안에서 시작하신 선한 일을 계속해서 이루어 나가시기 때문이다(빌 1:6).

당신에게 회개하고자 하는 열망도 없고, 다시 하나님께 나아가고자 하는 간절함도 없어서 낙심하고 있다면, 다윗처럼 이렇게 부르짖으라. "하나님이여 내 속에 정한 마음을 창조하시고 내 안에 정직한 영을 새롭게 하소서"(시 51:10). 우리는 하나님에게서 모든 것을 구해야 한다. 심지어 우리 마음이 변화되는 것과 우리가 하나님의 말씀에 순종하는 것도 그분에게서 구해야 한다.

우리는 어떻게 하나님께 가까이 갈 수 있을까? 히브리서 4장 14-16절에서 저자는 우리를 위해서 죽으신 그리스도가 우리의 유일무이한 대제사장이시라고 말한다. 그는 하나님에게서 긍휼하심을 받고 때를 따라 돕는 은혜를 얻기 위하여 그 대제사장을 통해서 하나님 아버지의 은혜의 보좌 앞에 담대히 나아가라고 권면한다.

다시 말해서, 하나님께 가까이 나아가는 것은 우리 스스로, 우리 자신의 힘으로 하는 것이 아니다. 우리의 잘못에 대해서 하나님께 미안해 하면서 그분께 나아가면, 그분이 우리를 기꺼이 받아 주신다고 생각해서는 안 된다. 전혀 그렇지 않다. 하나님과 사람 사이에는 유일무이한 중보자가 있다. 그분은 하나님의 아들로서 이 땅에 사람의 모습으로 오신 그리스도 예수다(딤전 2:5).

하나님께 가까이 나아가는 것은 겸손히 회개하며 나아가는 것을 의미한다. 다른 한편으로는 우리가 하나님께 영접받기 위해서 우리의 연약함을 공감하고 불쌍히 여기시는 완전한 중보자, 예수 그리스도를 의지하는 것을 뜻한다. 그리스도는 영원히 살아 계시며 우리를 위해서 간구하신다. 또한 그분은 장차 다시 오셔서, 우리를 완전하고 궁극적인 구원으로 이끄실 것이다.

그러므로 우리 삶의 모든 영역에서 중심은 그리스도가 되어야 한다. 우리의 유일한 중보자이신 그리스도를 의지하지 않으면, 우리는 하나님께 가까이 나아갈 수 없다.

이제까지 살펴본 바를 요약하면 야고보는 다음과 같이 회개를 정의한다. 곧 회개는 하나님께 복종하는 것, 또는 절대 주권을 지닌 분으로서 그분을 합당한 위치에 모시는 것이다. 또한 하나님의 원수인 마귀를 대적하는 것이며, 중보자이신 그리스도를 통해서 그릇된 길에서 돌이켜서 하나님께 돌아오는 것이다.

이제 야고보는 4장 8절에서 우리를 거룩하게 하는 은혜를 얻기 위해서 우리가 어떻게 겸손히 하나님께 나아가야 하는지 자세히 설명한다.

손을 깨끗이 하라!

넷째, 우리는 손을 깨끗이 씻어야 한다. 야고보는 회개가 우리의 행위에 구체적인 영향을 미친다는 점과 관련해서 우리의 손을 언급한다. 사실 우리는 먼저 마음에 초점을 맞추어야 한다. 왜냐하면 사람의 마음에서 온갖 악한 것들이 나오기 때문이다(막 7:21-22). 악한 마음은 어떤 추상적인 악을 만들어 내는 것이 아니라, 구체적인 악한 행위를 낳는다. 그러므로 우리는 마음뿐만 아니라 행위도 깨끗하게 씻겨야 한다.

하나님은 우리 내면의 동기와 감정뿐만 아니라 우리의 몸에도 관심을 기울이신다. 그렇지 않다면 왜 사도 바울이 "너희 지체(몸)를 의의 무기로 하나님께 드리라"(롬 6:13, 괄호는 역자 추가)라고 권면하겠는가? 마음이 가장 먼저다. 왜냐하면 그곳에서 모든 것이 비롯되기 때문이다. 행위는 마음의 열매다. 그러므로 우리의 행위는 하나님의 말씀에 부합되어야 한다. 우리의 마음은 순종의 행위로 이어져야 한다. 그래서 예수님은 제자들에게 이렇게 명령하신다. "너희가 나를 사랑하면 나의 계명을 지키리라"(요 14:15).

사람이 어떤 생각을 심으면, 그것을 통해서 어떤 행위를 거두어들인다고 누군가 말했다. 당신이 어떤 행위를 심으면, 당신은 그것을 통해서 어떤 습관을 거두어들인다. 당신이 어떤 습관을 심으면, 당신은 그것을 통해서 어떤 성품을 거두어들인다. 당신이 어떤 성품을 심으면, 당신은 그것을 통해서 당신의 운명을 거두어들인다. 사도 바울도 이렇게 말했다. "사람이 무엇으로 심든지 그대로 거두리라"(갈 6:7).

만약 당신이 싸움과 다툼을 통해서 당신의 악한 생각이 구체적으로 나타나게 했다면, 그것은 습관이 될 것이다. 그리고 습관적으로 싸우고 다투는 행위를 멈추지 않는다면, 그것은 당신의 성품과 운명을 결정지을 것이다. 그러니 죄를 진정으로 미워하면서 하나님께 나아가서 피난처를 구하는 것은 얼마나 중요한가? 우리는 우리의 죄를 극복하기 위해서 하나님에게서 은혜와 능력을 구해야 한다! 우리의 습관적인 행동은 우리 자신에 대한 모든 것을 말해 줄 것이다.

삶의 변화에 대한 야고보서의 이와 같은 강조점은 매우 중요하다. 그러나 역시 그 강조점을 올바로 이해하는 것이 필요하다. 여기서 야고보는 어떤 그리스도인이 의롭다고 인정받기 위해서, 또는 자기의 구원을 유지하기 위해서 삶의 변화가 필요하다고 말하지 않는다.

사실 어떤 죄인이 구원을 받으려면, 그는 반드시 회개해야 한다 (행 3:19). 그렇지만 구원과 관련된 회개는 맨 처음에 회심할 때, 마음이 변화되어 자신의 죄를 뉘우치고, 그리스도를 자신의 구주로 영접해서 그와 하나됨을 이루는 과정을 가리킨다. 따라서 그 회개는 성령님의 능력을 통해서 이 세상에 사는 동안 어떤 그리스도인이 점점 더 거룩해지고, 그의 삶이 더욱더 정결해지는 성화의 과정을 가리키는 것이 아니다.

이 차이점을 올바로 이해하는 것, 곧 구원에 이르기 위한 회개와 성화를 위한 회개를 이해하는 것은 매우 중요하다. 그렇지 않다면, 당신은 스스로 자기 자신을 정결하게 한 사람들에게만 구원이 주어진다고 결론을 이끌어 낼 수도 있다. 이러한 주장은 일종의 행위에 근거한 구원론에 지나지 않는다.

우리는 오직 예수 그리스도의 피로만 죄를 깨끗하게 씻김받을 수 있다. 그러므로 자기 스스로 자기를 깨끗하게 하려는 시도는 우리의 더러움을 더할 뿐이다.

조지프 하트(Joseph Hart)는 "불쌍하고 가련한 죄인들이여, 오라!"라는 찬송시에서 이렇게 고백한다. 우리는 그리스도 앞에 나오기 전에, 우리 스스로 더 좋은 사람이 될 수 있다는 생각에 속지 말아야 한다.

오라,
지치고 무거운 짐 진 사람들아.
넘어져서 상처투성이인 사람들아.

더 나아질 때까지 기다린다면,
당신은 절대로 오지 못할 것이다.

예수님은

의인들이 아니라,

죄인들을 부르려고 오셨다.

양심이 당신을 머뭇거리게 하지 말라.

스스로 더 적합한 사람이 되려고

꿈꾸지 말라.

그리스도 앞에 나오기 위해서

그분이 당신에게 요구하는 한 가지는

당신에게 그리스도가 꼭 필요하다고

당신이 온 마음으로 믿는 것이다.

성령님은

당신의 마음에 하늘 빛을 비추셔서,

당신이 그것을 깨닫게 하실 것이다.

당신에게 그 믿음을 주실 것이다.

또한 그리스도에 대한 참된 신앙은 항상 삶의 변화를 가져온다는 사실을 깨닫는 것도 중요하다. 삶의 변화가 전혀 없는 곳에는 참된 구원도 없다(약 2장). 그렇지만 우리는 구원을 받기 위해서 이와 같은 변화를 추구해서는 절대로 안 된다! 오히려 우리가 구원받았다는 사실에 감사를 표현함으로써 점진적인 삶의 변화를 추구해야 한다.

성화는 그리스도를 믿음으로 구원을 받으면 뒤따라 일어나는 기쁜 일이다. 여전히 우리가 죄와 싸우고 있다고 하더라도 말이다. 성화는 그리스도인이 그리스도와 하나 됨을 이루고 성령님의 능력을 의지하는 과정을 통해 이루어진다(롬 6:1-11; 갈 5:16).

어떤 그리스도인이 하나님이 주신 은혜의 수단을 의지하지 않은 채 변화되기를 시도한다면, 그것은 폐 없이 숨을 쉬려고 하는 것과 같다. 또한 눈 없이 사물을 보려는 것과 같다. 사물을 보는 데 눈이 꼭 필요하듯이, 그리스도인의 영적 성장 과정에서 그리스도와 하나 됨을 이루고, 또한 성령님의 능력으로 충만히 무장되는 것은 꼭 필요하다.

그렇다, 우리는 거룩해지기 위해서 힘써야 한다. 그러나 우리는 거듭난 이후에도 삶의 모든 과정에서 모든 것을 채워주시는 우리의 구주를 전적으로 신뢰해야 한다. 또한 그분께 꼭 붙어 있어야 한다. 그렇지 않으면 우리는 마치 그 모든 것이 우리의 굳은 결정과 의지력에 달린 듯, 우리가 해야 하는 일을 율법적인 방법으로 하고자 할 것이다.

그리스도 없이, 우리는 하나님이 기뻐하시는 것은 어떤 것도 할 수 없다. 그러므로 우리는 하나님이 주시는 수단에 의지해, 우리의 손을 깨끗이 씻고, 우리의 삶을 변화시켜 나가야 한다. 그리스도 안에서 하나님이 약속하신 승리를 내다보며, 우리는 무릎을 꿇고 기도하며 앞으로 나아가야 한다(롬 6:14). 성화 과정에서 우리가 신뢰하고 의지해야 할 유일한 소망은 하나님이다.

하나님 아버지는 예수 그리스도와 우리를 하나 되게 하시고, 우리에게 성령님의 능력을 부어 주신다. 이를 통해서 우리를 점점 더 거룩하게 변화시켜 가신다. 손을 씻으라는 야고보의 말은, 우리가 스스로 그 일을 할 수 있음을 암시하지 않는다. 오히려 야고보는 거룩한 변화를 위해서 반드시 예수 그리스도와 성령님이 필요하다는 사실을 잘 알았다.

죄가 우리의 행위 안에 발판을 마련하거나 우리의 목을 조르고 있다면, 우리는 그 사실을 곧바로 고백해야 한다. 우리가 여전히 싸움과 다툼의 원인을 제공하고 있다면, 그 사실을 부인하거나 거짓말하지 말아야 한다(약 3:14). 우리는 언제든지 욕망의 유혹 앞에 쉽게 무너질 수 있다. 그때마다 우리는 심각한 상태에 놓일 것이다. 만약 우리가 계속해서 죄를 지을 수밖에 없다면, 우리는 심각한 문제를 지닌 것이다. 우리는 곧바로 하나님 앞에 그 사실을 인정하고 고백하며 도움을 구해야 한다.

죄와의 싸움에서 우위를 점하지 못할 때마다, 우리는 하나님에게서 난 사람마다 세상을 이긴다는 하나님의 약속을 경험할 수 없다(요일 5:4). 그러므로 우리는 손을 깨끗이 씻어야 한다. 이 말은 자기 개혁을 위해서 자기 힘으로 노력해야 한다는 뜻이 아니다. 존 오웬(John Owen)은 이렇게 말했다. "자신의 힘으로 자신이 고안한 다양한 방법으로 금욕하고 고행하는 것은 이 세상에 있는 모든 그릇된 종교의 핵심이자 실상이다."[11]

우리 자신의 노력, 우리 자신의 연단, 또는 우리가 고안한 어떤 슬기로운 방법으로도 우리는 손을 깨끗이 씻지 못한다. 거듭난 이후에도 손을 씻기 위해서 우리는 또다시 그리스도께 나아가서 그분의 피로 씻김을 받아야 한다. 우리가 천 번을 넘어진다고 하더라도, 그때마다 그렇게 해야 한다.

우리는 그리스도께서 약속하신 승리를 얻기 위해서 그분께 나아가야 한다. 오직 그리스도와 하나 됨을 이루어서 성령님의 능력으로 우리는 세상을 이길 수 있다. 우리는 야곱의 믿음과 같은 굳센 믿음을 지녀야 한다. 그는 하나님의 천사가 자기를 축복해 줄 때까지, 그를 놓아주지 않았다(창 32:26). 우리도 하나님이 우리에게 그분의 영을 넘치도록 부어 주시기를 간구해야 한다(갈 5:16).

당신이 죄를 이기신 그리스도를 굳게 믿는다면, 당신을 묶고 있는 사슬을 풀고 속박에서 벗어나라. 그리고 일어나서 앞을 향해서 힘차게 걸으라. 기뻐하며 마음의 자유를 누리며 그리스도께서 인도하시는 길을 걸어갈 것을 결심하라. 세상에 사는 동안 당신은 완전한 승리를 거두지 못할 것이다. 그러나 그리스도는 당신이 하나님의 은혜와 성령님의 능력으로 죄에 대해서 실질적으로 승리를 거둔다고 약속하셨다(롬 6:14).

당신이 거듭날 때, 당신에게 성령님이 임하신다. 그분의 충만한 능력으로 무장되기를 갈망하고 간구하라. 죄를 지을 때마다, 그것을 곧바로 솔직하게 자백하고, 그리스도의 피로 당신의 손을 깨끗이 씻으라.

마음을 정결하게 하라

마지막으로 우리는 마음을 정결하게 해야 한다. 우리의 행위가 변화되기에 앞서, 먼저 우리의 마음이 변화되어야 한다. 이 순서대로 진행되지 않으면 참된 변화는 일어나지 않는다. 단순히 외부로부터 주어진 '변화'는, 그것이 무엇이든지 바리새파적인 특성을 지닌 것에 지나지 않는다. 바리새인들은 잔과 대접의 겉은 깨끗이 했지만, 그들의 마음속에는 더러움이 가득했다(마 23:25). 새로운 마음이 없는 외적인 변화는 악하다. 존 칼빈은 이렇게 말한다. "진정한 회개의 특성이 무엇인지 배우라. 그것은 먼저 마음을 깨끗하게 하는 것에서 시작된다. 그 뒤에는 삶의 외적인 개선이 뒤따른다. 내적인 회개의 열매는 우리의 올바른 행위로 나타난다."[12]

때때로 사람들은 외적인 변화를 위해서 노력하기를 주저한다. 왜냐하면 그들에게는 하나님께 진정으로 순종하고자 하는 마음이 없기 때문이다. 그들은 자기 힘으로 노력하면 바리새인처럼 되지 않을까 염려한다. 그래서 그들은 자신이 인위적으로 순종하기를 원하지 않는다고 솔직하게 시인한다. 이는 자신의 영적인 죽음을, 변화를 위해서 아무런 노력도 하지 않는 것에 관한 변명으로 사용한다.

그들은 선택지가 두 가지밖에 없다고 잘못 생각하고 있다. 곧 맹목적으로 순종하거나 아무것도 하지 않는 것이다. 이것은 분명히 그릇된 생각이다. 우리는 가만히 앉아서 아무것도 하지 않거나, 또는 냉담한 마음으로 무엇인가를 마지못해서 해야 하는 것이 아니다. 왜냐하면 하나님은 그분의 자녀들 안에서 시작하신 선한 일을 계속해서 이루어 가시겠다고 약속하셨기 때문이다(빌 1:6 참조). 또한 하나님은 자기의 기쁘신 뜻을 위하여 우리에게 소원을 두고 행하게 하신다(빌 2:13 참조).

이와 같은 하나님의 약속에 근거해서, 우리는 다른 훌륭한 선택 사항이 있다고 확신한다. 곧 성령님의 능력으로 무장해서 우리의 변화된 마음으로 하나님께 기꺼이 순종하는 것이다. 어떤 그리스도인이 가만히 앉아서 아무것도 하지 않는다면, 그는 하나님이 우리의 마음을 변화시킬 수 있으시며, 또한 변화시키신다는 사실을 부인하는 것이다. 아무것도 하지 않는 것에 대한 변명으로 자기 마음 상태가 너무 냉담해서 그렇다고 말한다면, 그것은 하나님의 약속을 부인하는 것이다. 하나님이 그분의 자녀들에게 순종하고자 하는 열망을 주시기를 그만두었다고 주장하는 것이다.

시편 기자들은 종종 하나님께 자신들의 마음을 깨끗하게 해 주시고 변화시켜 달라고 기도했다. 그들은 하나님이 그들의 마음에 영적인 수술을 해 주시기를 간청했다. 또한 그들은 자신들이 하나님을 온전히 경외하지 않는 것을 두려워했다. 그래서 그들은 이렇게 기도했다. "여호와여 주의 도를 내게 가르치소서 내가 주의 진리에 행하오리니 일심으로 주의 이름을 경외하게 하소서"(시 86:11). 이 시편 기자들은 자신들의 마음이 이루 다 헤아릴 수 없을 정도로 부패했다고 생각했다. 그래서 그들은 하나님께 이렇게 간청했다. "자기 허물을 능히 깨달을 자 누구리요 나를 숨은 허물에서 벗어나게 하소서"(시 19:12).

바로 이와 같은 열망과 기도를 통해서 하나님은 그분의 자녀들의 마음을 깨끗하게 하신다. 그들은 깨끗해진 마음으로 하나님을 사랑하고 그분께 기꺼이 순종하기를 원한다.

그리스도의 피로 우리의 내면을 깨끗하게 하시는 하나님을 굳게 믿고 의지할 때, 우리는 하나님을 온전히 섬기며 훌륭한 열매를 맺을 수 있다. 하나님은 언제나 변함없이 우리를 사랑하신다. 그분은 우리에게 영적인 능력을 공급해 주신다. 또한 그분은 우리에게 꼭 필요한 것을 채워 주신다. 우리의 완전하신 대제사장 예수 그리스도 안에서 하나님은 우리의 불완전한 수고와 섬김도 기꺼이 받아 주신다(벧전 2:5).

죄를 대항하려면 우리는 어떻게 하나님께 능력을 구해야 할까? 이제까지 야고보는 다음 몇 가지를 말했다. 우리는 절대 주권을 지닌 만물의 주님, 곧 하나님께 복종해야 한다. 우리의 다양한 욕망을 하나님보다 더 내세우면 안 된다. 마귀를 대적해야 한다. 원수와 더는 친하게 지내지 말고, 하나님께 가까이 나아가야 한다. 그러기 위해서 방황을 멈추고, 그릇된 길에서 돌이켜야 한다.

그리스도의 피에 손을 깨끗이 씻으라. 행위를 변화시키는 데 관심을 기울이라. 그리고 하나님의 은혜로 마음을 변화시키라. 이러한 것들을 얻기를 갈망하지 않는다면, 우리에게 능력을 주시는 하나님의 은혜를 받을 수 없다. 이것이 바로 죄를 이기기 위해서 하나님의 도우심을 구하는 방법이다.

야고보는 죄를 이기기 위한 은혜를 받기 위해서 겸손히 하나님께 나아가는 것이 무엇인지 설명하는 것으로 4장을 마무리하지 않는다. 다음 장에서 우리는 그가 덧붙여 제시하는 매우 경험적인 한 가지 주제를 살펴보고자 한다. 바로 죄에 대해 슬퍼하며 가슴 아파 하는 것이다.

{ 더 깊은 묵상을 위한 질문 }

1. 죄를 이기고 다툼을 해결하기 위해서 하나님께 도움을 구하는 데 중요한 다섯 가지 자세는 무엇인가?

2. 꼭 해야 할 일에 집중하면서, 동시에 하나님을 맨 앞에 모시고 그분을 의식하는 것은 불가능한가?
다음과 같은 일을 하면서 어떻게 그렇게 할 수 있는지 생각해 보라.
학교 과제하기, 자동차 브레이크 갈아 끼우기,
한밤중에 아픈 아이 옆에 앉아 있기 등.

3. 하나님은 당신을 점점 더 거룩하게 변화시키는 은혜를 베푸신다.
그렇다면 당신은 그 은혜를 받기 위해서
하나님께 도움을 간청할 필요를 느끼는가?

4. "마귀를 대적하라."라는 야고보의 권면은 무엇을 뜻하는가?
또한 "하나님께 가까이 나아가라."는 말은 무엇을 의미하는가?

5. 하나님의 사랑은 우리의 행위에 좌우되지 않는다는 사실을
올바로 이해하는 것은 왜 중요한가?

6. 우리가 원인을 제공한 죄와의 싸움에 대해서 슬퍼하는 것이
   왜 그리스도 안에서 기쁨을 누리도록 이끄는가?

7. 그리스도인의 영적 성장을 이끄는 것은 자기 자신의 노력인가?
   아니면 당신이 그리스도와 하나 됨을 이루는 것과 성령님의 사역인가?

8. 성령님의 감동으로 거룩한 시들을 쓴 시편의 시인들은
   자신들이 순종할 수 있도록 은혜를 베풀어 달라고 하나님께 간구했다.
   당신도 그들과 같은 은혜를 갈망하는가?
   당신도 그들처럼 간절히 기도하는가?

CHAPTER 05

죄로부터 관계 지키기 4 :
슬퍼하고 애통하라

"슬퍼하며 애통하며 울지어다

너희 웃음을 애통으로, 너희 즐거움을 근심으로 바꿀지어다

주 앞에서 낮추라 그리하면 주께서 너희를 높이시리라"

(약 4:9-10).

이 구절에서 야고보는 우리의 죄에 대해서 우리는 슬퍼해야 한다고 말한다. 그리고 슬픔이 어떻게 우리의 행위로 나타나는지 설명한다.

야고보는 죄인인 우리가 하나님께 나아가서, 그분에게서 영적인 능력을 얻고자 하는 것은 정서적인 측면, 곧 우리의 죄에 대해서 애통하는 것을 포함한다고 알려 준다. 만약 우리가 죄를 지었다면,

자신의 행위에 대해서 조금도 애통해하지 않으면서 하나님께 겸손히 은혜를 구하는 것은 전적으로 모순된다.

슬퍼하며 애통하기

맨 먼저 야고보는 우리가 슬퍼하며 애통해야 한다고 말한다. 죄에 대해서 진정으로 슬퍼하지 않으면, 우리는 참된 회개를 할 수 없다. 만약 당신이 죄를 지어서 하나님의 영광에 이르지 못한 것에 이제까지 조금도 관심이 없었다면, 당신은 절대로 회개하지 않은 것이다. 회개했다고 말하면서 죄를 전혀 슬퍼하지 않는다면, 그것은 음식을 먹었지만 입은 열지 않았다고 말하는 것과 비슷하다.

교회 안에는 실질적으로 회개하지 않았지만, 신앙 공동체의 다양한 모임에 참여하는 사람들이 많이 있다. 존 번연(John Bunyan)은 그와 같은 헛된 신앙 고백을 '억측'(presumption)이라고 불렀다. "억측은 신앙과 회개를 서로 떼어 놓는다. 그들은 자신의 영혼이 하나님의 은혜로 구원받았다고 결론짓지만, 자신이 지은 죄에 대해서 전혀 미안해하지 않는다."[13]

회개하며 죄악으로부터 하나님께 돌이키는 것은 죄를 단호하게 거부하고 거절하는 것이다. 거기에는 정서적인 반응도 포함된다.

곧 자신이 죄를 지은 것에 관해 낙심하고 슬퍼하는 것이다. 그것은 두려워 떨며 이렇게 말하는 것과 비슷하다. "아니야, 절대로 그럴 수 없어! 도대체 내가 무슨 짓을 한 거야!" 어떤 사람들은 본성적으로 정서적인 반응을 거의 보이지 않는다. 반면에 다른 사람들은 수시로 정서적인 과민 반응을 보이기도 한다. 그렇지만 우리의 인성 그 자체는 이러한 정서적인 특성과 상관이 없다. 당신이 빙산처럼 차가운 사람이든지, 화산처럼 정서적으로 폭발하는 사람이든지, 회개하고자 한다면 당신은 반드시 죄에 대해서 슬퍼하고 애통해야 한다.

야고보는 죄와 다툼을 극복하는 능력을 얻기 위해서 수시로 슬퍼하며 회개하는 것이 필요하다고 말한다. 우리를 쉽게 얽어매는 죄에서 벗어나고자 한다면, 우리는 죄의 문제에 진지하게 대처해야 한다. 우리는 진정으로 죄를 미워하고 그것을 인정하고, 또한 그것으로부터 돌이켜야 한다.

당신이 한동안 죄에 대해서 슬퍼하지 않았다면, 그것을 솔직하게 시인하라. 그리고 자신의 죄에 대해서 진심으로 슬퍼하며 애통하라. 죄에 대해서 슬퍼하는 마음을 달라고 하나님께 간구하라. 단지 미안해하는 마음을 품는 것에만 머무르지 말라. 사람들은 흔히 그런 마음을 품지만, 그것은 진정한 슬픔이 아닌 짝퉁 슬픔이다. 당신의 잘못된 행위가 다른 사람들에게 얼마나 많은 상처를 입혔는지 곰곰이 생각해 보라. 당신의 죄가 하나님의 명예를 훼손했다는 사실을 인정하라. 당신의 죄는 정말로 추한 것이다. 성경에 나오는 인물들이 어떻게 자신의 끔찍한 죄악에 대처했는지 읽어 보라(삼하 12장). 그리고 참된 회개에 대해서 묘사하는 구절과 단락을 읽고, 그것을 깊이 묵상하라(시 51편; 약 4:9; 고후 7:10-11).

어떤 사람들은 회개에 있어 슬퍼하는 말의 중요성을 인정한다. 그런데 그들은 종종 다음과 같은 질문을 제기한다. "참된 회개로 인정받으려면, 얼마나 많이 슬퍼해야 하나요?" 이것은 잘못된 질문이다. 우리는 얼마나 많이 슬퍼해야 하는지, 또는 어떤 모습으로 슬퍼해야 하는지에 대해서 다른 사람들의 지침을 따를 필요가 없다. 우리가 죄에 대해서 진정으로 슬퍼하며 회개한다면, 그것으로 충분하다. 슬픔을 수반하지 않는 회개는 진정한 회개가 아니다. 야고보가 말하듯이, "슬퍼하며 애통하며 울지어다"(약 4:9)라는 말로 충분하다. 죄를 진정으로 미워하지 않아서, 당신은 여전히 그 죄에서 벗어나지 못하는 것이다.

우리가 우리의 회개를 진지하게 평가한다면, 우리는 거기에 여전히 아쉬운 점이 있음을 깨닫게 될 것이다. 이렇듯 우리의 구원은 자기의 회개가 지닌 탁월성에 달려 있지 않다는 사실을 인정하는 것은 중요하다. 구원은 바로 예수 그리스도의 완전한 순종과 효과적인 대속에 근거한다.

당신의 회개와 믿음이 충분하지 않다고 생각해서, 염려할 수도 있을 것이다. 과연 당신이 진정한 회심의 경험을 했는지 의문을 품을 수도 있을 것이다. 그렇지만 과연 누가 당신의 믿음과 회개가 '충분히 만족스러운' 수준에 이르렀다고 공적으로 평가할 수 있겠는가? 반드시 어떤 '수준'에 이르러야 한다고 생각하는 것은 일종의 행위에 근거한 구원론에 가깝지 않은가? 그렇다, 당신은 반드시 회개해야 하고 믿어야 한다. 그러나 이것은 어떤 새로운 형태의 행위에 근거한 구원론이 아니다. 바로 그리스도가 우리의 의로움이다 (고전 1:30).

예수님은 우리의 불완전한 믿음을 받아들이신다. 왜냐하면 우리가 행하는 어떤 것도 완전하지 않기 때문이다. 우리의 믿음과 회개를 포함해서, 우리가 행하는 모든 것에는 흠이 있다.

마가복음에 의하면, 어떤 사람의 아들이 귀신 들려서 시달리고 있었다. 그가 아들을 데리고 예수님께 왔다. 예수님은 그의 아들이 나을 것이라고 말씀하셨다. 하지만 그는 자기의 믿음과 관련해서 이렇게 반응했다. "내가 믿나이다 나의 믿음 없는 것을 도와 주소서"(막 9:24). 그러자 예수님은 "네가 더 강한 믿음을 갖게 된다면, 그 때 다시 내게 오라!"고 말씀하지 않으셨다. 예수님은 그를 돌려보내지도 않으셨다. 예수님은 그 남자의 연약한 믿음을 받아들이셨다. 그리고 그의 아들을 곧바로 고쳐 주셨다.

그리스도의 여러 놀라운 사역 가운데 하나로, 그리스도께서는 우리의 온갖 부족함을 채워 주신다. 우리에게는 항상 무엇인가 부족하다. 그러므로 하나님께 담대히 나아가라. 그리고 이렇게 부르짖으라. "저를 구원하소서. 저는 하나님의 자녀입니다. 완악한 마음을 부드럽게 만드소서. 마른 눈을 용서하소서." 그러면 하나님은 당신이 진심으로 부르짖는 소리를 들으시고, 당신을 구원해 주실 것이다.

그러므로 우리의 회개에는 진정성이 있어야 한다. 더불어, 죄에 대해서 진정으로 슬퍼하는 것이 수반되어야 한다. 그렇지만 우리는 자신의 회개를 의지해서는 안 된다. 거기에는 여전히 무엇인가 부족하다. 그러므로 오직 그리스도만을 신뢰하라. 찬송가 "만세 반석 열리니"의 작사가로 널리 알려진 오거스터스 톱레이디(Augustus Toplady)는 이런 시를 썼다.

내 손의 수고는
율법의 모든 요구를 성취할 수 없네.

내가 아무리 열심히 노력해도
내가 눈물이 마를 새 없이 울어도
나는 내 모든 죄를 속죄할 수 없네.

오직 주님이 나를 구원하셔야 하네.

오직 주님만 나를 구원하실 수 있네.[14]

죄에 대해서 슬퍼하는 것은
표정과 태도에 영향을 미친다

둘째, 죄에 대해서 진정으로 슬퍼하는 것은 표정과 태도에도 영향을 미친다. 곧 우리는 우리의 웃음을 애통으로, 우리의 즐거움을 근심으로 바꾸어야 한다. 이것은 어떤 사람이 얼마나 진정으로 슬퍼하고 있는지 평가해 줄 것이다.

당신은 행복해 보이는 표정을 슬퍼하는 모습으로 바꾸었는가? 자신이 경솔하게 처신했다는 생각에 마음 아파했는가? 당신의 죄는 너무 끔찍해서 그 죄를 절대로 가볍게 다루어서는 안 된다는 사실을 깨달았는가? 우리가 행한 죄악의 심각성에 비추어 볼 때, 그 죄와 관련해서 쉽게 말하고 대처하는 것은 전적으로 부당하지 않은가? 이와 같은 상황에서 만약 어떤 파티를 열어 즐기려고 한다면, 그것은 한센병 수용소에서 큰 소리로 웃어 대는 모습과 같지 않은가?

죄의 심각성을 가볍게 다루는 것은 다음과 같이 비유할 수 있다. 당신이 어떤 사람에게 큰 상해를 입혀서 그가 죽음에 직면한 절박한 상황이라 하자. 그런데 당신은 그 사람에게 우스갯소리를 하고 있는 것이다. 그러므로 회개에는 슬픔이 수반되어야 한다. 당신이 원인을 제공한 커다란 해로움에 대해서 몹시 가슴 아파하며 슬퍼해야 한다. 그때 비로소 당신이 진정으로 뉘우치고 있다는 것이 입증될 것이다.

물론 자기의 감정을 속일 수도 있다. 그렇지만 진정한 회개는 다양한 외적인 표시로 나타난다. 요나서에 의하면, 하나님은 니느웨 성읍에 닥칠 심판을 선포하며 경고하시려고 요나를 그 도시에 보내셨다. 그러자 그 성읍의 주민들은 진정으로 회개했다. "니느웨 사람들이 하나님을 믿고 금식을 선포하고 높고 낮은 자를 막론하고 굵은 베 옷을 입은지라"(욘 3:5).

그들은 하나님이 그 성읍을 곧 심판하실 것이라는 메시지를 믿었다. 그리고 회개했다. 그들의 회개는 눈으로 확인할 수 있는 외적인 표시들로 나타났다. 그들은 금식하고, 굵은 베옷을 입었는데, 그 옷은 거칠고 불편한 겉옷이었다. 흔히 사람들은 극심한 슬픔을 나타낼 때 그 옷을 입었다. 또한 그들은 편안한 일상생활을 멈추고 향락을 금지했다. 왜냐하면 그들은 자신들의 죄악으로 말미암아 하나님의 심판이 임할 것이라고 확신했기 때문이다.

갑자기 웃음을 멈추고 애통하는 것은 지나친 모습처럼 보일 수도 있다. 그러나 이는 정말로 우리가 원인을 제공한 어떤 죄와 다툼에 대한 가장 적합한 반응이다. 우리는 거친 말을 하기도 하고 그릇된 행동을 하기도 한다. 그 사실을 깨달았을 때 곧바로 웃음을 멈추는 것이 바른 태도다. 사람들에게 상처를 입히고서 어떻게 즐겁게 이리저리 다닐 수 있는가? 하나님의 명예를 떨어트리고서, 어떻게 우리가 마냥 웃을 수 있는가? 어떤 행위들이 그릇되었다고 판명되면 우리에게서 웃음이 사라지리라는 생각은 비합리적이지 않다. 자신이 어떤 죄를 지었으며, 다른 사람에게 고통의 원인을 제공했다는 사실을 알고 나서도 웃음을 멈추지 않고 애통하지 않는다면, 당신은 그 죄에 대해서 양심의 가책을 느끼지 않는 것이다.

슬픔과 기쁨은 어떤 연관성이 있는가?

어떤 사람은 이런 의문을 품을 수도 있을 것이다. "어떻게 슬퍼하는 것과 기뻐하는 것이 서로 공존할 수 있는가?" 사도 바울은 신자들에게 주님 안에서 항상 기뻐하라고 권면한다(빌 4:4). 그런데 여기서 야고보는 우리의 죄에 대해서 "슬퍼하며 애통하며 울지어다"(약 4:9)라고 말한다. 어떻게 이 두 가지가 서로 양립할 수 있는가? 기쁨과 슬픔은 서로 매우 다른 감정이 아닌가? 두 가지 감정은 서로 반대되는 것이 아닌가?

이 의문점과 관련해서 우리가 반드시 기억해야 할 것이 있다. 곧 진정한 회개는 그리스도 안에서 누리는 진정한 기쁨으로 이어진다는 것이다. 그래서 "너희 웃음을 애통으로 바꿀지어다"라는 야고보서의 말씀은 "항상 기뻐하라"(살전 5:16)라는 바울의 권면과 서로 모순되지 않는다.

슬픔과 애통은 기쁨으로 이어진다. 전자는 후자의 전제 조건이다. 양심의 가책은 우리를 회개로 이끈다. 회개는 우리의 믿음을 새롭고 굳세게 하며, 우리가 그리스도 안에서 하나님의 은혜를 누리게 한다. 곧 회개는 우리를 구원의 기쁨으로 이끈다. 만약 우리가 양심의 가책도 느끼지 않고 슬퍼하지도 않는다면, 사실상 그것은 슬픔에서 기쁨으로 이어지는 길을 막는 것이다. 그럼 우리는 하나님의 용서와 구원 안에 있는 진정한 기쁨을 누리지 못한다.

자신의 죄로 말미암아 조금도 낙심하지 않고 슬퍼하지도 않는다면, 어떻게 하나님의 용서 안에 있는 기쁨을 맛볼 수 있겠는가? 당신이 그리스도 안에서 하나님의 은혜가 얼마나 넓고 깊고 높은지 깨닫는다면, 죄에 대한 자각과 인정은 당신을 기쁨으로 이끌기 시작할 것이다. 그리스도 안에서 기쁨을 누리고자 하는 '성경적인' 열망을 품고, 당신의 죄를 자각하고 인정하기를 회피하지 말라.

죄의 심각성을 진정으로 이해하지 못하면, 당신은 양심의 가책과 슬픔을, 또한 그것에 뒤따르는 그리스도 안에서의 기쁨을 느끼지 못할 것이다. 청교도 목회자 랠프 베닝(Ralph Venning)은 죄가 하나님의 존재와 권위, 명예, 속성을 공격한다고 주장한다. 죄에 대해서 이렇게 이해한다면, 우리는 죄를 범하기를 뉘우치고 슬퍼할 것이다. 또한 우리의 행위가 거룩하신 하나님의 마음을 얼마나 아프게 하는지 분별할 것이다. 이처럼 우리는 회개하지 않아서 영광스러운 하나님과 사이좋게 지내지 못한다.

베닝은 죄는 하나님을 죽이고자 하는 시도(theocide, God-murder)라고 대담하게 주장한다. 어떤 사람이 하나님의 계명을 무시한다면, 그는 율법의 수여자이신 하나님을 거부하는 것이다. 하나님의 계명은 그것을 명령하시는 하나님과 직접 연결된다. 당신은 하나님과 그분의 계명을 서로 떼어 놓을 수 없다. 그것은 바로 **하나님의 계명이기** 때문이다. 계명은 하나님의 마음과 생각을 표현한다(약 2:10-11 참조). 따라서 이를 거부하는 것은 곧 하나님을 거부하는 것이며, 이를 멀리하는 것은 곧 하나님을 멀리하는 것이다.

죄는 하나님의 존재를 반대한다. 그래서 베닝은 또 이렇게 주장한다. "죄는 죄인으로 하여금 하나님이 존재하지 않기를 바라고, 그것을 노력하게 만든다. 왜냐하면 죄인들은 하나님을 미워하는 사람들이기 때문이다(롬 1:30 참조). 자기 형제를 미워하는 사람은 살인자이듯이(요일 3:15 참조), 하나님을 미워하는 사람은 하나님의 존재를 부인하는 사람이다."[15]

죄는 하나님의 권위에 반대한다. 그래서 베닝은 이렇게 주장한다. "죄는 하나님에게서 절대 주권을 빼앗으려 한다. 죄는 만왕의 왕이신 분이 보좌에 앉으시는 것을 원하지 않는다. 그리고 죄는 그분이 만드신 이 세상을 지배하고자 한다. … 죄는 다음과 같이 큰소리로 외친다. '우리의 혀가 이기리라 우리 입술은 우리 것이니 우리를 주관할 자 누구리요'(시 12:4)? 예레미야 선지자가 활동하던 시대에 하나님에게서 떠난 이스라엘 백성은 이렇게 말했다. '우리는 놓였으니 다시 주께로 가지 아니하겠다'(렘 2:31). 이처럼 죄는 하나님을 그분의 보좌에서 끌어내리려고 시도한다."[16]

또한 죄는 하나님의 명예를 훼손한다. "[죄는] 하나님의 사랑과 은혜의 완전함과 충만함을 부인한다. 마치 하나님의 사랑과 은혜를 누리는 것에 충분함과 만족함이 없는 것처럼, 죄는 다른 대상에게서 그것을 찾고자 한다! 아버지의 집을 떠나는 모든 탕자는 이렇게 말한다. '다른 곳에서 사는 것이 아버지 집에서 지내는 것보다 더 좋습니다.'"[17]

또한 베닝은 강력한 힘과 예리한 통찰력으로 죄는 하나님의 모든 속성을 거스른다고 지적한다. 그는 죄가 하나님의 공의에 감히 이렇게 도전한다고 주장한다. "심판하려면, 그렇게 해 보세요!"

죄는 하나님의 자비를 함부로 대한다. 죄는 그분의 자비를 값싸고 하찮은 것으로 여긴다. 죄는 끊임없이 악을 행해서 하나님의 오래 참으심을 모욕한다. 심지어 하나님이 오래 참으시면서 회개할 기회도 주시는데 말이다. 죄는 하나님의 권능을 무시한다. 왜냐하면 죄는 하나님이 결국 죄에 대한 그분의 경고를 실행하지 않을 것이라고 기대하기 때문이다. 또한 죄는 하나님의 사랑을 비웃는다. 왜냐하면 죄는 "하나님의 사랑 대신에 나는 악한 것을 더 즐기지."라고 말하기 때문이다. 나아가 죄는 하나님의 섭리를 비난한다. 왜냐하면 사는 것이 좀 불편해지면, 죄는 언제나 불평을 늘어놓기 때문이다.[18]

베닝의 견해는 단지 어떤 그릇된 한 가지 행위나 생각으로부터도 악한 세상이 펼쳐질 수 있다는 사실을 깨닫게 한다. 우리의 참모습을 보고, 우리의 그릇된 행위를 슬퍼하고 가슴 아파하길 원한다면, 그와 같이 죄의 적나라한 실상을 보는 것이 필요하다.

우리가 알면서도 죄를 짓는다면, 그것은 하나님의 공의와 관련해서 그분께 이렇게 도전하는 것이다. "하나님, 어디 심판하려면, 해 보시지요." 우리가 계속해서 죄를 짓는다면, 우리는 하나님의 자비를 업신여기는 것이다. 또한 우리가 죄와 하나님 사이에서 끊임없이 죄를 선택한다면, 그것은 하나님의 사랑과 언약을 멸시하는 것이다. 이제까지 죄와 관련해서 이렇게 생각하고 행동했다면,

우리는 마땅히 웃음을 멈추고, 슬퍼하며 가슴 아파해야 한다. 당신은 알면서도 습관적으로 죄를 지었는가? 지금 당신은 그 죄를 애통하고 있는가?

하나님 앞에서 자신을 낮추라!

앞에서 야고보는 진정한 겸손이 무엇인지 설명했다. 이제 그는 6-10절에서 가르친 모든 것을 요약한다. "주 앞에서 낮추라 그리하면 주께서 너희를 높이시리라"(약 4:10). 그런데 그가 제시하는 두 가지 새로운 관점에 주목할 필요가 있다.

첫째, 그는 "주 앞에서"라는 표현을 사용한다. 예수님이 산상수훈에서 가르치신 것처럼(마 6:1-18 참조), 야고보도 우리의 종교적인 동기의 초점을 하나님께 맞추어야 한다고 강조한다. 오늘날 교회의 다양한 모임에 보여 주기식 행사들이 너무 많다. 그 행사들은 주로 사람들에게 좋은 평판을 얻으려는 의도를 지니고 있다.

하나님을 진정으로 대하는 자세는 하나님과 우리의 영혼의 관계에 최우선으로 초점이 맞추어져야 한다. 또한 종종 하나님께만 집중해야 할 때도 있다. 사람의 생각으로 스스로 정당성을 입증하려는 종교는 하나님이 보시기에 오류투성이다. 사람을 기쁘게 하려는 종교는 하나님께 가증스러운 것이다. 사도 바울은 이렇게 말한다. "이제 내가 사람들에게 좋게 하랴 하나님께 좋게 하랴 사람들에게 기쁨을 구하랴 내가 지금까지 사람들의 기쁨을 구하였다면 그리스도의 종이 아니니라"(갈 1:10). 예수님은 형식적으로 종교적인 사람들을 비판하시면서, 이렇게 지적하신다. "(그들은) 그들의 모든 행위를 사람에게 보이고자 하나니"(마 23:5, 괄호는 역자 추가). 예수님은 사람들에게서 칭찬을 받고자 하는 것은 예수님을 믿는 것에 어긋난다고 말씀하신다(요 5:44).

그러므로 하나님과 인격적으로 가장 깊고 친밀하게 사귀라. 온 마음으로 진지하게 하나님을 갈망하라. 신앙을 자기 계발을 위한 수단으로 삼기를 곧바로 그만두라. 여기서 야고보는 바로 그것을 가르치고 권면한다. 그는 신앙생활에 공동체적인 요소가 전혀 없다고 말하지 않는다. 또한 공예배가 중요하지 않다고 말하지도 않는다. 다른 사람들의 생각과 관점을 진지하게 고려하는 것이 중요하지 않다고 말하지도 않는다.

우리는 모두 불친절하거나, 사교적이지 않거나, 교만한 사람이 되려 하지는 않는다. 그러나 야고보는 타락한 본성을 지닌 우리는 종교로 다양한 형태를 지닌 인간관계를 만들 수 있다고 지적한다. 종교는 명예를 얻고, 사람들을 주도하고, 그들에게서 대접받고, 그들에게 영향력을 행사하는 수단으로 잘못 사용될 수 있다. 그러므로 우리의 신앙생활은 하나님과 인격적으로 올바른 관계를 유지하고, 그분을 기쁘시게 해야 한다.

하나님과의 관계를 바로잡아야 할 필요가 있다고 판단되면, 곧바로 우리의 대제사장이신 예수 그리스도를 통해서 하나님께 나아가라. 그분은 하나님의 보좌 앞에서 언제나 살아 계시며 지금도 당신을 위해서 간구하신다. 하나님의 아들이신 예수 그리스도를 통해서 하나님 아버지께 겸손히 나아가라. 그리고 당신의 삶의 모든 영역과 과정에서 항상 하나님을 맨 앞에 모시라. 하나님 앞에서 자기 자신을 낮추라. 복음주의 신학자 R. C. 스프로울(R. C. Sproul)은 "하나님 앞에서(*Coram Deo*, 코람 데오) 사십시오!"라고 권면했다. 당신이 하나님 앞에 서 있다고 생각하며, 오직 하나님과 가장 친밀한 사귐을 가지라.

둘째, 야고보는 하나님이 자기를 낮추며 그분에게 나아오는 사람을 높이실 것을 약속하셨다고 말한다. 그렇다면 하나님이 높이신다는 말은 무엇을 뜻하는가? 어떤 상태로부터 높인다는 뜻인가? 어떤 그리스도인들은 이 말을 세상적인 측면에서 자기가 원하는 기준에 맞추어서 주관적으로 해석할 수도 있다. 야고보는 우리가 하나님 앞에서 자기 자신을 낮추면, 그분이 우리를 낮은 상태에서 높이신다고 말하지 않는다! 또한 하나님이 반드시 우리가 범한 죄의 부정적인 결과들로부터 우리를 들어 올려 주시는 것도 아니다.

하나님의 자녀가 진정으로 회개하면, 하나님은 그를 용서해 주신다. 그렇지만 죄의 부정적인 결과는 오랫동안 지속될 수 있다. 우리는 다윗의 삶에서 사례를 찾을 수 있다(삼하 12:10-15 참조).

사람들은 종종 단순히 더 좋은 여건을 만들기 위해서 하나님을 찾는다. 어떤 이들은 자신이 범한 죄의 부정적인 결과를 일시적으로 피하려고 하나님께 나아와서 호소한다. 그러나 야고보가 하나님이 우리를 높여 주신다고 말할 때 우리의 상태는 싸움과 다툼을 빚어내서 낙심하고 죄책감에 빠진 가여운 상태다. 당신이 다양한 욕망을 내세워서 다른 사람들과 다투게 되었을 때, 하나님은 그와 같은 우상 숭배의 상태에서 당신을 들어 올려 주실 것이다.

또한 야고보는 슬픔과 애통은 진정한 회개의 한 부분을 구성한다고 바로 앞에서 이야기한 것을 언급한다. 다시 말해서, 하나님은 우리를 슬픔과 애통에서 벗어나게 해 주시고 높여 주신다. 그분은 우리가 자신의 죄에 대해서 영원히 슬퍼하기를 바라지 않으신다. 그분은 회개하는 과정에서 우리가 줄곧 우울한 상태에 머물러 있기를 원하지 않으신다. 우리는 "항상 개혁되어야 한다"(*semper reformanda*, 셈페르 레포르만다)는 표어가 '절대로 슬퍼하기를 멈추지 말라'를 암시한다고 해석해서는 안 된다.

만약 우리가 하나님께 나아가서 우리의 죄를 자백하고 그것에 대해서 슬퍼하고 애통한다면, 하나님은 우리를 높여 주시고 그리스도 안에서 기쁨을 누리게 해 주실 것이다. 우리는 죄를 지을 때마다 회개해야 한다. 그때마다 슬픔과 애통을 거쳐서 또다시 기뻐해야 한다. 이것은 기독교의 가장 중요한 구성 요소 중 하나로, 죄에 대해서 진정으로 슬퍼하고 아파하며 그것을 기쁨으로 바꾸어 가는 것이다. 하나님은 그리스도인들이 일상에서도 그리스도 안에서 기뻐하기를 원하신다(빌 4:4).

한편, 그리스도인도 매우 심각한 죄를 지을 수 있다. 그때에 단지 순간적으로만 그것을 인정하고 슬퍼하며 지나치는 것은 경솔한 행위이며 합당하지 않다. 하지만 동시에, 그리스도인의 정상적인 삶은 기쁨이 넘치는 삶이어야 한다. 심지어 극악한 죄인들도 진정한 뉘우침을 통해서 이 세상에 사는 동안 그리스도 안에서 기쁨을 맛볼 수 있다.

어떤 사람들은 이렇게 생각할 수 있다. 자신의 죄가 너무 심각하고 오랜 세월 동안 계속된 것이라서, 다시 빛을 발하는 삶으로 높임을 받지 못한다는 것이다. 그들은 자신은 결코 우울한 삶에서 벗어나서 기쁨과 즐거움의 삶을 누릴 수 없을 것이라고 두려워한다. 사람들은 중대한 죄를 범하고 나서, 그것이 자기의 삶을 매우 악화시켜서 의기소침할 때, 흔히 이렇게 느낀다.

예를 들어 어떤 사람이 종종 싸움과 다툼의 원인을 제공하고 자기의 배우자에게 폭력을 행사해서 오랫동안 자기 가족과 떨어져

생활했다면 그는 이렇게 느끼기 쉬울 것이다. 자신이 원인을 제공한 싸움과 다툼이 삶을 송두리째 망가트려서, 이제 자기에게는 슬픔과 아픔밖에 기대할 것이 없다는 것이다.

자기의 죄를 시인하는 것은 옳고 바람직하다. 그렇지만 이런 생각에는 한 가지 심각한 문제가 있다. 바로 죄의 결과가 모두 사라져야, 비로소 다시 기뻐할 수 있다고 전제한다는 것이다. 이는 분명히 올바른 관점이 아니다. 우리가 처한 상황이 매우 어렵고 결코 환영할 만하지 않더라도, 우리는 분명히 그리스도 안에서 기쁨을 얻을 수 있다.

성경은 단지 우리의 상황이 만족스러울 때만 기뻐하라고 가르치지 않는다. 겉으로 보기에 모든 상황이 더 나빠지는 것처럼 보일지라도 참된 그리스도인은 기뻐할 이유가 있다. 만약 죄로 인한 결과가 날마다 당신을 몹시 괴롭힌다면, 하나님이 그것을 통해서 이 세상에서 어떤 것들을 우상화하는 당신의 사고방식과 삶의 방식을 멈추도록 이끄신다는 것을 생각하라. 하나님이 당신에게 그분 자신을, 그분의 말씀과 예수 그리스도를 당신의 삶 한가운데에 두게 하신다고 여기라. 그리고 하나님은 당신이 주님 안에서 항상 기뻐하기를 바라신다는 사실을 기억하라(빌 4:4).

그러므로 세상을 향한 당신의 마음과 생각을 회개하라. 당신의 처지가 만족스럽지 않다고 하더라도, 성경의 진리에 근거해서 기뻐하라. 당신이 그렇게 바뀐다면, 당신은 더 이상 싸움거리를 만들지 않고 가정에 안정과 평안을 주게 될 것이다. 잠언의 지혜자는 이렇게 말한다. "여호와를 경외하는 자에게는 견고한 의뢰(신뢰)가 있나니 그 자녀들에게 피난처가 있으리라"(잠 14:26, 괄호는 역주).

이 장에서 우리는, 죄와 싸울 때 하나님의 은혜를 얻기 위해서 어떻게 겸손히 나아가야 하는지와 관련된 마지막 주제를 살펴보았다. 제일 먼저 우리는 2장에서 죄인임을 인정했다. 그리고 3장부터 이번 장에 걸쳐 하나님께 은혜를 구하며 겸손히 나가기 위한 일곱 가지 주제를 다루었다. (1) 우리는 하나님에게 복종해야 한다. (2) 마귀를 대적하라. (3) 하나님에게 가까이 나아가라. (4) 손을 깨끗이 씻으라. (5) 마음을 정결하게 하라. (6) 슬퍼하고 애통하라. (7) 웃음을 애통으로 바꾸라. 우리가 자신을 낮추고 이 과정을 거치면, 하나님이 우리를 높이실 것이다. 이것은 진정한 회개가 무엇인지 훌륭하게 묘사한다!

당신이 그리스도를 믿는다고 고백하면서도 계속해서 악을 버리지 못하고 싸움과 다툼의 원인을 제공하고 있다면, 앞에서 제시한 일곱 주제가 당신에게 깊이 생각해 볼 자료를 제공할 것이다. 참된 회개가 무엇인지 성령님의 감동으로 권면하는 야고보서의 이 말씀으로 당신의 마음과 가치관, 삶의 방식을 세밀하게 살펴보라. 그러면 당신은 자신의 그릇된 생각과 행위에 대해서 슬퍼하며 하나님 앞에 엎드리게 될 것이다. 그리고 당신의 죄와 악한 행위를 진심으로 미워하게 될 것이다.

그런데 당신은 진정한 회개에 대한 이와 같은 자세한 설명에 다소 두려움을 느낄 것이다. 당신은 하나님이 받아들이실 만한 진정한 회개를 과연 당신이 할 수 있을지 의구심을 품을 것이다. 야고보는 당신이 확신할 수 있을 때까지 완벽하게 회개해야 한다고 권면하지 않았다. 어떤 사람의 믿음이 진실하고 진지하다면, 비록 그것이 불완전하더라도 하나님은 그것을 기꺼이 받아들이신다.

앞에서 우리는 예수님께 나아왔던 한 남자의 믿음에 대해서 말했다. 그는 예수님이 자기 아들을 고쳐 주시기를 간절히 바랐다. 그러면서 예수님께 이렇게 말했다. "내가 믿나이다 나의 믿음 없는 것을 도와 주소서"(막 9:24). 그러자 예수님은 그 남자에게 "집으로 돌아가서 훨씬 더 훌륭한 믿음을 갖게 되면 다시 나에게 오라."고 말씀하지 않으셨다. 남자의 믿음은 완전하지 않았지만, 그는 예수님께 자신의 믿음을 진실하고 진지하게 보여 드렸다. 예수님은 그 믿음을 간파하시고 그의 아들을 곧바로 낫게 해 주셨다.

예수님은 그분 앞에 믿음의 자세로 나아오는 사람은 누구든지 기꺼이 맞아 주실 것이다. 이는 회개에도 똑같이 적용된다. 그럴 수밖에 없다. 왜냐하면 우리는 결코 아무것도 완벽하고 완전하게 할 수 없기 때문이다. 그러므로 주님 앞에 겸손히 엎드리라. 그리고 당신의 회개는 진심이지만, 그것이 주님의 마음에 충분할 정도로 완벽하지 않으리라고 솔직하게 말씀드리라. 주님께 이렇게 말씀드리라. "회개합니다. 저의 불완전한 회개를 도와주소서."

하나님께 올바른 자세로 나아가는 핵심은 무엇일까? 그것은 바로 자신에 대해서 절망하며, 자기 자신을 하나님께 온전히 내어 맡기는 것이다. 당신의 회개가 진실하며 진정한 것이라면, 당신은 현재 그 회개가 불완전하다고 해도 염려할 필요가 없다. 하나님은 당신이 하나님께 더욱더 진정으로 복종하도록 인도하실 수 있다. 당신을 그분께 더 가까이 나오도록 이끄실 수 있다. 또한 당신이 당신의 죄를 진심으로 더 슬퍼하고 아파하도록 당신을 변화시키실 수 있다.

다윗은 하나님께 이렇게 기도했다. "하나님이여 내 속에 정한 마음을 창조하시고 내 안에 정직한 영을 새롭게 하소서"(시 51:10). 이 기도는 하나님이 심지어 다윗의 생각과 감정도 변화시킬 수 있는 능력을 지니셨다는 다윗의 굳은 믿음을 입증한다.

하나님 없이, 당신은 아무것도 할 수 없다. 회개도 마찬가지다. 빈손을 높이 들고 하나님께 채워 달라고 간청하는 것을 포함해서, 하나님과 관련된 모든 것은 그분의 도움 없이 이루어질 수 없다. 자기 안에 무엇인가 부족한 것이 있다고 판단되면, 당신은 그것을 모든 것을 넉넉히 채워 주시는 하나님을 찾는 기회로 삼아야 한다.

사랑과 은혜가 넘치는 하나님은 당신에게 부족한 것을 채워 주신다. 거기에는 일종의 신비로운 진리가 있다. 먼저 당신은 하나님을 전적으로 신뢰해야 한다. 그다음 하나님이 당신을 도와주시도록 반드시 하나님께 은혜를 간구해야 한다. 하나님 찾기를 절대로 멈추지 말라. 당신이 은혜를 받기 위해서 하나님을 찾는다면, 또한 당신이 죄를 대항하게 해 주는 하나님의 능력을 (적어도 어느 정도) 경험한다면, 매우 기뻐하라. 왜냐하면 이것들은 은혜와 자비가 풍성하신 하나님이 당신의 내면과 삶 안에서 일하고 계시다는 것을 입증하기 때문이다.

{ 더 깊은 묵상을 위한 질문 }

1. 존 번연의 주장에 따르면, 억측은 무엇을 의미하는가?

2. 왜 슬퍼하는 것이 회개의 필수적인 요소인가?

3. 구원을 받기 위해 자신이 얼마나 충분히 슬퍼해야 하는지
   판단하려는 시도는 왜 그릇된 것인가?

4. 어떤 사람이 다음과 같이 말한다면, 당신은 그에게 어떤 조언을 들려주겠는가?
   "내가 회개할 때, 거기에 몇 가지 그릇된 동기가 있었음을 깨달았습니다.
   그래서 저는 온전히 구원받기 어렵다고 생각합니다."

5. 어떤 사람이 진정으로 슬퍼한다면, 그것은 그 사람의 태도에 영향을 미치는가?

6. 죄에 대해서 진정으로 뉘우치며 회개하고 슬퍼하는 것은
   그 사람의 삶을 계속해서 우울하게 만드는가?
   그렇다면 그 이유는 무엇이고, 그렇지 않다면 그 이유는 무엇인가?

7. 왜 사람들은 자신의 삶에서 죄를 이기는 능력을 얻지 못하는가?
   이 장에서 찾을 수 있는 몇 가지 이유를 제시하라.

8. 랠프 베닝은 죄의 실상이 얼마나 끔찍한지 보여 준다.
   그가 어떻게 밝혔는지 설명해 보라.

9. 하나님 앞에서(*Coram Deo*) 사는 것은 왜 중요한가?

10. "주 앞에서 낮추라 그리하면 주께서 너희를 높이시리라"(약 4:10).
    사람들은 이 약속을 어떻게 오해하는가?

11. 사람이 자기 죄로 빚어낸 비참한 상황도 하나님 앞에서는 기회가 될 수 있다.
    이에 대해서 구체적으로 설명해 보라.

CHAPTER 06

교만 뿌리 뽑기 1:
하나님의 권위에 도전하지 말라

"형제들아 서로 비방하지 말라

형제를 비방하는 자나 형제를 판단하는 자는

곧 율법을 비방하고 율법을 판단하는 것이라 네가 만일

율법을 판단하면 율법의 준행자가 아니요 재판관이로다

입법자와 재판관은 오직 한 분이시니

능히 구원하기도 하시며 멸하기도 하시느니라

너는 누구이기에 이웃을 판단하느냐"(약 4:11-12).

이 부분에서 야고보는 논점을 바꾸는 것처럼 여겨진다. 그러나 그는 한결같이 이 구절을 싸움과 다툼에 대해 다루는 앞에서의 논의와 연결한다.

이 말씀에서 야고보는 교만이 어떻게 모습을 드러내는지 탐구하며, 우리가 교만의 교묘한 방식을 파악할 수 있게 한다. 그는 우리가 교만의 은밀한 상관관계를 잘 분별해서 이를 담대하게 거부하기를 기대한다. 또한 야고보는 우리가 하나님의 은혜로 교만의 뿌리를 뽑아내기를 원한다. 교만은 인간관계 속 싸움이나 다툼뿐만 아니라, 하나님에 대한 은밀한 비판에서도 모습을 드러내는데, 그래서 야고보는 자기 자신을 높이는 것이 얼마나 끔찍한 죄인지를 깨달아야 한다고 말한다. 교만은 단지 싸움이나 다툼뿐만 아니라, 다른 다양한 방법을 통해서 그 모습을 은밀히 드러낸다.

야고보는 또 싸움과 다툼에 원인을 제공하는 사람들에 대해서 말한다. 야고보는 11절에서 그들을 "형제자매를 비방하는 자"라고 언급한다. '비방하다'라는 단어는 다른 사람에게 험한 말을 하고, 심한 욕을 하며, 그들의 인격을 침해하는 말을 하는 행위를 가리킨다. 오늘날 사람들이 종종 사용하는 '쓰레기 같은 말'에 해당할 것이다. 야고보는 그리스도인들에게 이런 말을 사용하지 말라고 강력하게 권면한다. 그는 어떤 사람에게 쓰레기 같은 말을 하는 것은 실질적으로 하나님의 권위를 공격하는 것이라고 강조한다. 그것은 어리석게도 하나님의 권위에 부당하게 도전하는 것이다. 그러므로 비방은 어떤 사람의 교만을 극명하게 드러낸다. 그렇지만 우리는 종종 그 영적 실상을 제대로 분별하지 못한다.

우리가 다른 사람들에게 사용한 험한 말에 내포된 의미를 분별할 수 있도록, 야고보는 다음과 같이 지적한다. 먼저 자기 형제자매를 비방하는 사람은 곧 하나님의 율법을 비방하는 것이다. 다른 사람에게 험한 말을 할 때마다, 곧 하나님에 대해서 험한 말을 하는 것이다. 다른 사람에게 쓰레기와 같은 말을 하는 것은 곧 하나님께 그와 같은 말을 하는 것이다. 그래서 야고보는 이렇게 단호히 말한다. "형제를 비방하는 자나 형제를 판단하는 자는 곧 율법을 비방하고 율법을 판단하는 것이라"(약 4:11).

어떤 사람은 과연 이 주장이 사실일까 하는 의문을 품을 수도 있다. 그 비방은 어떤 사람을 대상으로 한 것이지, 하나님을 대상으로 한 것이 아니지 않은가? 어떻게 다른 사람들에게 쓰레기와 같은 말을 하는 것이 곧바로 하나님의 율법에 대해서 그와 같은 말을 하는 것이 되는가?

야고보는 그 질문에 이렇게 답한다. "네가 만일 율법을 판단하면 율법의 준행자가 아니요 재판관이로다"(약 4:11). 그는 사람은 하나님의 율법의 권위를 판단할 수 있는 위치에 있지 않다고 말한다. 사람은 그렇게 생각해서는 안 된다는 것이다. 우리는 하나님이 아니다. 우리는 하나님 아래에 있다. 또한 우리는 하나님의 통치 아래에 있다. 그러므로 우리는 하나님의 율법에 순종해야 한다. 우리 자신을 율법 위에 놓아서는 안 된다.

하나님의 율법은 다른 사람들을 헐뜯는 말을 금지한다. 그러므로 만약 당신이 그와 같은 말을 한다면, 이를 금지하는 하나님의 율법을 헐뜯는 것이다. 쓰레기 같은 말을 해서 하나님의 율법을 어기면, 곧 하나님의 율법에 대해서 쓰레기 같은 말을 하는 것이다.

다른 사람을 헐뜯는 언행으로 당신은 자기 자신을 하나님보다 더 높인다. 다음과 같은 사례에서 우리는 이 교만이 드러나는 것을 볼 수 있다. 다른 사람을 헐뜯는 언행은 사실상 이렇게 말하는 것과 같다. "잘 알고 있습니다. 주님은 서로 사랑하라고 우리에게 명령하셨습니다. 주님은 성령님의 능력으로 충만하라고 말씀하셨습니다. 또한 우리 마음속에 사랑, 평안, 온유가 넘치기를 바라십니다. 그렇지만 이제 주님과 주님의 말씀을 거스르고자 합니다. 제가 더 잘 안다고 판단했기 때문입니다. 제게는 헐뜯는 말을 할 만한 충분한 이유가 있습니다." 이것은 중대한 교만이며, 하나님의 통치를 거부하는 것이다.

예수님은 사람들에게 분명히 이렇게 물으셨다 "너희는 나를 불러 주여 주여 하면서도 어찌하여 내가 말하는 것을 행하지 아니하느냐?"(눅 6:46). 만물의 통치자이신 하나님의 율법의 권위를 뒤엎으려고 하는 것은 직접적으로 그분의 통치권에 도전하는 것이다. 자기 자신을 하나님을 대항하는 왕으로 내세우는 것이다. 그것은 하나님의 절대 주권에 대한 권리 침해이자 쿠데타이며 적대적인 탈

취 행위다. 우리는 하나님의 율법에서 어떤 계명을 거스르는 것을 사소하게 생각할 수 있다. 그렇지만 하나님께 그 행위는 결코 가볍지 않다. 그럼 왜 우리는 가볍게 생각하는가? 그 이유는 우리가 하나님의 절대 주권과 권위에 둔감하기 때문이다.

오직 한 분의 왕과 율법 수여자가 계신다. 또한 오직 한 분의 재판관이 계신다. 오직 그분만 죄인들을 영원한 구원이나 영원한 멸망에 이르게 하실 수 있다. 우리가 아니라, 바로 그분이 절대 주권을 가지고 계신다. 우리가 그분의 권위에 도전한다면, 과연 우리는 누구 편에 서는 것을 선택하는 것인가? 하나님의 율법을 어긴다면, 우리는 하나님을 거스르길 선택하는 것이다. 하나님의 권위에 이의를 제기할 권리가 우리에게 있는가? 우리에게는 그런 권한이 전혀 없다. 그런데도 우리는 죄를 지을 때마다, 그 권위에 도전한다.

우리는 다음과 같은 사실 앞에서 지극히 겸손해져야 한다. 곧 우리는 너무나도 자주 하나님께 반역하는 말을 했다. 또한 우리는 너무나도 자주 그분의 절대 주권을 거부했다. 이 사실을 깨닫는다면, 우리는 눈물을 흘리며 먼지를 뒤집어써야 한다. 그리고 우리의 행위를 뉘우치고 회개하며 낙심해야 한다. 또 우리의 죄를 슬퍼하며, 예수 그리스도 안에서 하나님께 자비를 구해야 한다. 우리는 하나님을 반역하는 행위를 멈추고, 우리의 유일무이한 왕께 다시 충성해야 한다.

우리는 그리스도께서 자기 죄를 자백하며 회개하는 사람들을 용서하고 기꺼이 맞아 주신다는 기쁜 소식을 들었다. 우리는 그 소식을 기억하고, 겸손히 그분께 나아가야 한다. 그리스도의 대속과 하나님의 은혜로 구원받은 모든 사람은 구원의 기쁨을 맛보고 누릴 것이다. 그렇지만 여전히 우리는 죄에 대항하기 위해서 더 큰 열망을 품고 하나님께 나아가야 한다. 우리는 죄와 싸워 승리하기 위해서 끊임없이 간절히 기도하며 하나님에게서 능력을 받아야 한다.

앞에서 우리는 죄악의 행위가 내포하는 은밀한 의미를 자세히 살펴보았다. 그것은 우리가 하나님 앞에서 매우 신중하게, 심지어 두려워 떨며 살아가야 할 이유를 알려 준다. 우리는 하나님을 배반하기가 얼마나 쉬운가? 그렇다면 우리는 자기 자신을 어떤 사람으로 인식해야 하는가? 우리는 마치 불꽃투성이인 세상 안에 놓인 기름으로 범벅이 된 통나무와 같다. 불꽃은 쉽게 통나무에 옮겨붙어서, 그것을 전부 태워 버릴 것이다. 우리는 죄로 오염된 연약한 본성을 지니고 있다. 우리는 이 사실을 자각하고, 이 세상에 사는 동안 늘 영적으로 깨어 있어야 한다.

타락한 본성으로 말미암아 우리는 하나님을 배반하기 쉽다. 우리는 종종 만물의 통치자이신 하나님보다 우리 자신을 더 높이려고 한다. 이와 같은 행위는 바로 우리의 생각과 혀에서 비롯된다. 거기에는 사탄의 악한 영향력이 미친다. 앞에서 야고보는 이렇게 말했다. "혀는 곧 불이요 불의의 세계라 혀는 우리 지체 중에서 온 몸을 더럽히고 삶의 수레바퀴를 불사르나니 그 사르는 것이 지옥 불에서 나느니라"(약 3:6).

우리는 우리의 죄가 지닌 은밀하고 끔찍한 의미들을 살펴보았다. 그러므로 우리는 저마다 삶의 모든 영역에서 신중하고 진지하게 살아야 한다. 이제 우리는 자기 자신을 쉽사리 신뢰하고자 하지 않을 것이다. 특히 어떤 사안에 대해서 깊이 생각하지 않은 채 즉흥적으로 반응하려고 하지 않을 것이다.

"지식 없는 소원은 선하지 못하고 발이 급한 사람은 잘못 가느니라"(잠 19:2). 우리는 신중히 생각한 뒤에 말하고 반응하고 대답해야 한다. "의인의 마음은 대답할 말을 깊이 생각하여도 악인의 입은 악을 쏟느니라"(잠 15:28). 또 우리는 "말하기는 더디 하며 성내기도 더디" 해야 한다(약 1:19). 즉 신중히 생각해 결정하고 판단해야 한다. 모든 일에서 하나님의 뜻과 계획을 찾고 추구해야 한다.

사도 바울은 "너희가 어떻게 행할지를 자세히 주의하여"(엡 5:15)라고 권면한다. "자세히 주의하여"라는 표현은 마치 유리 조각이 널린 바닥을 맨발로 걸어가는 것처럼 신중하게 살아야 한다는 것을 뜻한다. 존 번연의 소설 『천로역정』은 그리스도인의 삶을 하늘나라에 들어가기 위해서 좁고 위험으로 가득한 길을 걸어가는 것으로 묘사한다. 거기에는 수많은 수고와 고난과 유혹이 뒤따른다.

삶에 대한 존 번연의 진지한 견해는 오늘날 많은 사람이 상상하는 것보다 훨씬 더 성경의 가르침에 부합한다.

또한 죄가 지닌 은밀하고 끔찍한 의미는 우리가 경계심을 품고 더욱더 열심히 하나님을 의지하게 한다. 우리의 연약한 육신은 죄성이라는 독약을 품고 있다. 그 사실을 절실히 깨달을 때, 우리는 하나님의 영을 더욱더 의지하려 할 것이다. 하나님은 우리가 죄와 싸워서 이기도록 그리스도를 통해서 성령님의 능력을 부어 주신다 (갈 5:16 참조).

우리는 계속해서 성령님의 능력으로 충만히 무장해야 한다. 육신에서 비롯되는 온갖 욕망을 없애기 위해서 우리는 하나님께 날마다 새로운 힘을 간구하며 도움을 요청해야 한다. 우리는 외적인 행위뿐만 아니라, 우리의 마음을 깨끗하게 하기 위해서 하나님의 도움을 절실히 필요로 한다. 시편의 거룩한 시인은 "여호와여 내 입에 파수꾼을 세우시고 내 입술의 문을 지키소서 내 마음이 악한 일에 기울어 죄악을 행하는 자들과 함께 악을 행하지 말게 하시며"(시 141:3-4)라고 기도했다. 그리고 존 오웬은 이렇게 말했다. "언제나 죄를 죽이라. 그렇지 않으면 죄가 당신을 죽일 것이다."[19]

하나님의 은혜가 필요하다고 느끼지 않으면 사람들은 은혜에 의존하지 않는다. 이에 야고보는 우리에게 하나님의 은혜가 꼭 필요함을 입증한다.

우리는 철저히 하나님에 대한 반역자들이다. 마치 숨을 쉬는 것처럼, 우리는 날마다 쉽게 죄를 범한다. 그리스도인이지만 우리는 계속해서 우리의 육신과 힘겹게 싸운다. 우리는 날마다 우리의 언행을 후회한다. 야고보는 우리가 범하는 죄는 모두 만물의 주님이자 재판관이신 하나님을 거스르는 중대한 범죄라고 알려 준다. 그는 우리의 눈 안에 있는 비늘을 없애 준다. 그래서 우리가 범하는 각각의 죄가 얼마나 심각한 것인지 깨닫게 한다.

우리는 자신의 영적인 참모습을 파악하기 위해서 자신을 오랫동안 세밀하게 살펴보아야 한다. 그리고 나서 우리의 유일한 소망이신 그리스도께 나아가야 한다. 우리의 연약함을 잘 아시는 그리스도는 뉘우치고 회개하며 나아오는 이들을 사랑과 자비로 기꺼이 맞아 주신다.

이 장에서 야고보는 다른 사람을 비방하는(헐뜯는) 말을 하는 것에 대해서 언급했다. 왜냐하면 죄는 단순히 행위에만 관련된 것이 아니기 때문이다. 죄는 행위뿐만 아니라 마음속에서도 빚어진다. 그래서 야고보는 형제자매를 판단(심판)하며, 다른 사람들에게 악의를 품고 비방하는 것에 대해서 말한다. 야고보는 또 사람의 내면에 감추어진 죄를 지적한다. 곧 다른 사람들에게 한숨을 쉬며 푸념하는 것에 대해서 말한다. "형제들아 서로 원망하지 말라 그리하여야 심판을 면하리라 보라 심판주가 문 밖에 서 계시니라"(약 5:9).

여기서 "원망하다"라고 번역된 단어는 어떤 사람이 끙끙대며 마음속으로 불만을 표현하는 것을 뜻한다. 즉 한숨을 짓거나 탄식하는 것이라 할 수 있다. 여기서 야고보는 하나님의 율법이 우리의 행위뿐만 아니라, 우리의 생각과 감정도 판단할 권한을 지닌다고 밝혔다.

비록 행동으로 표현되지 않더라도 마음속에 품은 잘못된 생각마다 사실 이미 하나의 죄다. 아마도 당신은 말을 거칠게 하는 사람이 아닐 것이다. 당신은 자기 억제를 잘해서, 좀처럼 다른 사람들과 싸우거나 다투지 않을 것이다. 그렇지만 우리는 모두 죄인이다. 우리는 모두 마음과 생각, 말과 행위로 죄를 범한다. 외향적인 사람이든, 내향적인 사람이든, 우리는 모두 하나님을 배반한다. 그러므로 우리는 죄와 싸우는 과정에서 신중해야 하며 하나님을 전적으로 의지해야 한다. 왜냐하면 하나님의 눈앞에서는 만물이 벌거벗은 것같이 드러나기 때문이다(히 4:13 참조).

웨스트민스터 신앙고백은 그리스도인이 거룩해지는 과정(성화)에 대해서 다음과 같이 말한다. "성화는 인격 전체를 통해서 이루어진다. 그렇지만 이 세상에 사는 동안 그것은 불완전하다. 그리스도인의 모든 부분에는 여전히 어느 정도 부패의 잔재가 남아 있다. 그래서 화해될 수 없는 전쟁이 계속해서 일어난다. 육체의 욕망은 성령님을 거스른다. 그리고 성령님은 육체와 맞선다. … 그리스도의 거룩하게 하는 영으로부터 그리스도인은 계속해서 힘을 공급받는다. 그 힘을 통해서 (그리스도인의) 거듭난 부분이 (죄악을) 이긴다. 그래서 성도들은 하나님의 은혜 안에서 성장한다."(신앙고백 13.2-3, 괄호는 역주).

{ 더 깊은 묵상을 위한 질문 }

1. 야고보는 "형제를 비방하는 자나 형제를 판단하는 자는
   곧 율법을 비방하고 율법을 판단하는 것이라"(약 4:11)라고 말했다.
   어떤 사람에게 비방하는 말을 하는 것은
   왜 하나님의 율법을 비방하는 것인지 설명하라.

2. 교만한 언행은 왜 하나님의 통치권에 도전하는 행동인가?

3. 죄는 어떻게 하나님을 공격하는가?
   그 이유를 설명해 보라.

4. 우리의 죄는 왜 하나님을 잘못 드러내는가?
   우리가 이 점을 이해하는 것은 왜 어려운가?

5. 야고보는 우리로 하여금 우리의 죄가 지닌 모든 부정적인 의미를
   깨닫게 하는 데 관심을 기울인다.
   만약 우리가 그 부정적인 의미들을 분별하게 된다면,
   우리의 마음과 생각에는 어떤 영향이 있는가?
   이 장의 내용에서 몇 가지를 제시해 보라.

6. 어떤 사람들은 자신이 전혀 싸움과 다툼의 원인을 제공하지 않았다고 생각한다.
또한 자신이 어떤 사람에게도 비방하는 말을 하지 않았다고 말한다.
그래서 그들은 하나님보다 자기 자신을 더 높인 적이 없으며,
또한 하나님의 율법을 은밀히 판단한 적도 없다고 믿는다.
당신은 어떻게 이와 같은 부류의 사람들에게 그들의 오류를
이해시킬 수 있는가?

CHAPTER 07

교만 뿌리 뽑기 2 :
자만하지 말라

"들으라 너희 중에 말하기를 오늘이나 내일이나
우리가 어떤 도시에 가서 거기서 일 년을 머물며 장사하여
이익을 보리라 하는 자들아 내일 일을 너희가 알지 못하는도다
너희 생명이 무엇이냐
너희는 잠깐 보이다가 없어지는 안개니라
너희가 도리어 말하기를 주의 뜻이면 우리가 살기도 하고
이것이나 저것을 하리라 할 것이거늘"(약 4:13-15).

야고보는 우리가 교만을 끔찍한 악으로 보도록 인도한다. 사실 교만은 그런 것이다. 이제까지 그는 교만이 우리에게 다양한 욕심을 품도록 이끌며, 그 욕심이 성취되지 않을 때 싸움과 다툼의 원

인을 제공한다고 말했다(약 4:1-10 참조). 싸움과 다툼의 원인을 제공하는 것은 본질상 우리의 율법 수여자이신 하나님의 주권에 거만하게 반역하는 것이다(약 4:11-12 참조).

이제 4장을 진중한 어조로 마무리하기 위해서, 야고보는 어떻게 교만이 독립적이며 자기 만족적인 자세를 취하는지 설명한다. 그와 같은 태도는 사실상 일종의 무신론적인 가치관을 드러내는 것이다.

야고보는 우리에게 다시 도전을 신청한다

야고보는 이렇게 말한다. "들으라 너희 중에 말하기를 … 장사하여 이익을 보리라 하는 자들아"(약 4:13). 야고보는 우리에게 도전을 신청하면서, 우리가 숙고해야 할 또 다른 심각한 문제를 지적한다. 우리는 우리의 삶에서 한 가지 심각한 영적인 문제에 직면해 있다. 곧 어떻게 우리의 미래에 대해서 생각하고 말하고 행동해야 하는가, 특히 우리의 미래에 대해서 어떤 계획을 세우고 있는가 하는 것이다. 미래에 대한 우리의 자세는 우리가 자신과 하나님에 대해서 어떻게 생각하는지 보여 준다. 우리가 올바른 사고방식과 생활방식을 지니지 않는다면, 우리는 하나님을 올바로 경배할 수 없다.

야고보는 어떤 그리스도인이 어느 곳에서 일정 기간 머무르며 장사로 이익을 남기겠다고 거침없이 말한다면, 그것은 미래가 전적으로 그의 통제 아래에 있다고 주장하는 것이다. 이와 같은 주장은 하나님의 중요성을 배제하거나 축소시킨다. 또한 하나님에 대한 왜곡되고 그릇된 관점과 인간에 대한 교만하고 잘못된 견해를 드러낸다. 하나님 앞에서 자기 자신을 죄성을 지닌 작은 존재로 인식하기 전까지, 인간은 하나님과 올바른 관계를 맺을 수 없다. 이처럼 우리는 대체로 자기 자신을 하나님보다 더 높이거나, 그분을 최소화하고자 한다.

칼빈은 이렇게 말했다. "인간이 자기 자신을 하나님의 위엄과 비교하기 전까지, 그는 결코 자신이 얼마나 미천하고 미약한 존재인지 온전히 깨닫지도 인식하지도 못한다."[20] 그래서 인간은 언제나 자기에게 유리한 입장에서 자기 자신을 하나님과 비교한다.

13절에서 지적하는 사람들의 계획은 끔찍하고 영혼을 파괴하는 견해를 반영한다. 그것은 실질적으로 무신론(atheism)에 해당한다. 그 견해는 하나님을 마치 우리의 상황과 전혀 상관없는 분처럼 이해한다. 나아가 하나님보다 우리가 자신의 미래에 대한 훨씬 더 강력한 주도권을 갖고 있다고 이해한다. 하지만 하나님과 미래에 대한 하나님의 절대 주권을 말하지 않고 우리의 미래에 대해서 말하는 것은 하나님의 존재와 속성과 행위에 반기를 드는 것이다. 잠언의 지혜자는 이렇게 말한다. "사람이 마음으로 자기의 길을 계획할지라도 그의 걸음을 인도하시는 이는 여호와시니라"(잠 16:9). 그러므로 우리는 세상에 대한 하나님 중심적 관점을 교묘하게 거부하기가 얼마나 쉬운지 깨달아야 한다. 그러한 자세는 살아 계신 하나님의 지위를 낮춰서 우리의 삶의 모든 고려 사항에서 그분을 배제하려 한다.

야고보는 싸움과 다툼으로 대인 관계를 해치는 교만은 이처럼 우리를 놀라게 하는 은밀하고 교묘한 여러 방법으로 모습을 드러낸다는 사실을 다시 한번 우리에게 보여 준다. 야고보는 우리가 교만에 내포된 영적인 실상과 그 다양한 모습을 잘 분별하기를 원했다. 왜냐하면 교만은 교활하고 파괴력을 지닌 악한 것이라서, 우리는 심지어 알지도 못한 채 그것에 쉽게 빠질 수 있기 때문이다. 교만은 인간관계를 파괴할 뿐만 아니라 하나님을 거부한다. 그것은 유한한 인간을 높이고 무한하신 하나님을 낮추고자 한다.

교만은 유한한 인간을 높이고자 한다

야고보는 교만이 유한한 인간을 높이는 두 가지 방법에 대해서 자세하게 말한다. 첫째, 교만한 생각은 인간이 미래에 대해서 모른다는 사실을 무시하는 경향이 있다. 또한 그와 같은 관점은 인생이 얼마나 짧은가를 무시한다. 둘째, 사람은 사실상 시간의 흐름에 파묻혀 있다. 사람들은 시간을 빨리 가게 할 수도 없고 멈출 수도 없다. 시간의 흐름은 우리가 이 세상에서 여행하는 기간보다 이루 말할 수 없이 더 길다. 우리의 생애는 매우 짧다. 우리는 미래에 대해서 정확하게 알지 못한다. 그런데도 우리는 교만하게 미래에 대한 다양한 계획을 호언장담한다.

우리는 정말로 미래에 대해서 모른다. 영화를 보면 등장인물들이 곧 닥칠 미래에 대해서 터무니없는 말을 하는 장면을 종종 볼 수 있다. 어떤 등장인물은 금방 총을 여러 발 맞은 사람에게 이렇게 안심시킨다. "조금도 걱정하지 마. 살 수 있어." 다른 영화에서는 초대형 폭발로 세상이 풍비박산 나는데, 주인공은 이렇게 말한다. "모든 일이 다 잘 풀릴 거야."

물론 이것은 영화 대사다. 이 대사들은 어떻게 영화가 전개될지 몹시 궁금해하는 관객들을 안심시키려는 메시지다. 그래서 과장된 내용을 담고 있다. 요컨대 그것은 교만한 전제들이다. 현실에서 그들이 말하는 대로 일어나기란 거의 불가능하다.

야고보서의 메시지는 옳다. 아무도 미래에 어떤 일이 전개될지 정확하게 알 수 없다. 어느 누가 한 시간 뒤에, 하루가 지나서, 또는 한 달 후에 삶을 마감하리라고 말할 수 있겠는가? 아무도 미래에 대해서 정확하게 알지 못한다. 우리는 과거의 다양한 유형을 분석해서 미래를 예측할 수는 있다. 그렇지만 누구도 미래를 정확하게 알 수 없다(눅 12:16-21 참조).

우리는 미래에 대해서 모를 뿐만 아니라 우리는 이 세상에서 매우 짧은 기간(ephemeral)만 존재한다. 나는 '에페메라'(*ephemera*, 헬라어 '에페메로스'의 중성 복수-역주)라는 단어를 어떤 책에서 처음 접했다. 이 단어는 문자적으로 '하루 동안의'를 뜻한다. 그래서 이 용어는 원래 금방 읽고 나서 버려질 인쇄물 등에 사용되었다.

흥미롭게도 이와 같은 인쇄물(홍보물이나 만화책 등)은 애호가의 수집 대상이 되기도 한다. 어떤 사람들은 많은 돈을 들여서 그와 같은 인쇄물을 사들여서 보관하기도 한다. 나는 문득 그런 책들처럼 사람은 매우 짧은 기간만 존재한다는 생각이 들었다. 우리는 잠시 이 땅에 존재한다. 그렇지만 많은 사람은 온갖 수단과 방법을 동원해서 가능하면 오래 살려고 한다. 그러나 우리는 모두 때가 되면 이 세상을 떠나야만 한다.

우리는 모두 선반 위에 놓인 종이책과 같다. 세월이 흐르면 책을 매어 꾸민 것이 풀어지고 한 장 한 장 떨어져 나갈 것이다. 그러나 우리의 운명은 종이책의 운명보다 더 애처롭다. 왜냐하면 우리는 매우 짧은 기간 동안 존재할 뿐만 아니라, 의식과 감정을 지닌 채 쉽사리 죄를 범할 수 있는 연약한 존재로 살아가기 때문이다.

종이책과 달리 우리는 무엇인가를 의식하고 느낀다. 거기에는 죽음에 대한 두려움도 포함된다. 우리는 사랑한다. 우리는 웃는다. 우리는 뛰어논다. 우리는 무엇인가 열망한다. 우리는 꿈을 꾼다. 그렇지만 아무것도 의식하지 못하는 돌덩이는 우리보다 훨씬 더 오래 존속한다.

여기서 야고보는 '안개'를 예로 든다. "너희 생명이 무엇이냐 너희는 잠깐 보이다가 없어지는 안개니라"(약 4:14). 아마도 그는 이른 아침에 들판에 생기는 안개를 떠올렸을 것이다. 아침에 나타나는 안개는 정오가 되기 전에 사라진다. 사람은 바로 이와 같다. 우리는 아침에 나타났다가 해가 떠오르면 곧 사라지는 안개다. 우리는 이 땅에 오래 존재하지 않는다.

야고보는 우리가 미래에 대해서 알지 못하며, 이 땅에서 단지 짧은 기간만 산다고 말한다. 마치 모든 일이 우리의 선택에 달린 듯이 하나님을 빼고 미래에 대해서 말하는 것은 참으로 어리석은 것이다. 그것은 유한한 인간을 높이고 인간의 한계를 무시하는 것이다. 이는 분명히 어리석고 그릇된 것이다. 그래서 잠언의 지혜자는 이렇게 묻는다. "사람의 걸음은 여호와로 말미암나니 사람이 어찌 자기의 길을 알 수 있으랴"(잠 20:24)?

교만은 무한하신 하나님을 모욕하는 것이다

야고보가 말하는 교만은 유한한 인간을 그릇되게 높이는 것일 뿐만 아니라 하나님을 낮추는 것이다. 그는 우리의 미래가 전적으로 하나님의 의지에 달렸다고 말한다. "주의 뜻이면 우리가 살기도 하고 이것이나 저것을 하리라 할 것이거늘"(약 4:15). 우리의 미래는 우리의 선택이 아니라 하나님의 선택에 달렸다! 이는 하나님의 절대 주권적인 의지와 그분의 섭리에 근거한 통치를 우리의 사고에서 합당한 자리에 놓는 것이다.

하나님은 절대 주권을 지니고 계신다. 그래서 그분은 모든 권한을 지니고 우리의 미래를 통제하고 이끄신다. 우리가 어느 곳에서 성공의 열매를 많이 거두었다고 하더라도, 그것은 모두 하나님의 의지가 작용했기 때문이다.

하나님이 절대 주권을 지니셨다는 말은 그분이 모든 것을 전적으로 주관하신다는 것을 뜻한다. 거의 모든 그리스도인은 하나님이 절대 주권을 지니셨다고 믿는다. 그런데 어떤 사람들은 하나님이 주관하시는 범위와 대상이 단지 광범위하다고만 생각한다. 그들은 하나님이 모든 것의 전체적인 틀만 제시하신다고 주장한다. 하나님이 세상을 떠받치시기는 하지만, 어떤 영역은 사람들에게 맡기신다는 것이다. 그래서 사람들은 하나님의 통제를 받지 않은 채, 그 영역 안에서 자유롭게 활동할 수 있다고 생각한다. 하나님은 어떤 배가 특정한 항구에 도착하기를 원하고 책임지시지만, 그 항해 과정에서 사람들은 하나님을 의지하지 않은 채 바다 위에서 스스로 자유롭게 항해할 수 있다는 것이다.

이와 같은 견해는 다음과 같은 의문점을 제기한다. '과연 하나님은 그분의 절대 주권으로 매우 중요한 일들은 통제하고 이끄시지만, 작은 일들은 그렇게 하지 않으시는가?' '과연 하나님은 그분의 통제 권한을 어떤 영역에서 제한하셨는가?' '과연 하나님은 사람들이 스스로 그 영역을 주관하도록 여지를 남겨 두셨는가?'

하나님의 절대 주권은 모든 것을 포함함과 동시에 모든 미세한 것에도 관여한다는 사실을 인정하는 것은 매우 중요하다. 하나님은 모든 커다란 일뿐만 아니라 매우 작은 일도 주관하고 이끄신다. 야고보서 4장은 그 두 가지를 모두 입증한다.

야고보는 이렇게 말한다. "너희가 도리어 말하기를 주의 뜻이면 우리가 살기도 하고 이것이나 저것을 하리라"(약 4:15). 이 가르침은 우리를 포함한 모든 사람에게 적용된다. 하나님은 모든 대상을 통제하고 주관하신다. 하나님은 우리 미래의 모든 것을 결정하고 이끄신다. 그분의 절대 주권은 미세한 부분에 이르기까지 적용된다.

미세한 부분에 대한 하나님의 절대 주권은 모든 대상에게 동시에 똑같이 적용되지는 않는다. 하나님의 의도와 계획에 따라서 각 사람에게 개별적으로 고유하게 적용된다. 따라서 하나님의 절대 주권은 '모든 대상'에게도 적용되지만, '각각의 대상'에게도 적용된다. 그 대상에는 당신도 포함된다. 또한 나도 포함된다. 하나님의 의지는 내 미래뿐만 아니라 당신의 미래도 결정하고 이끈다.

하나님은 세상 모든 것을 아우르실 뿐만 아니라, 가장 미세한 부분에 이르기까지 전적으로 절대 주권을 행사하신다. 이 관점과 관련해서 하나님의 절대 주권을 지지하는 또 하나의 성경 본문을 살펴보자.

사도행전은 하나님이 "인류의 모든 족속을 한 혈통으로 만드사 온 땅에 살게 하시고 그들의 연대를 정하시며 거주의 경계를 한정"(행 17:26)하셨다고 말한다. 이 본문은 하나님의 절대 주권이 대단히 광범위한 영역에 미친다고 알려 준다.

하나님은 "모든 족속"(나라)이 이 땅에 등장하고 세워지도록 결정하신다. 또한 그분은 각각의 나라가 얼마나 오랫동안 존속할지 결정하신다. 그리고 각 나라의 영토의 경계선을 결정하신다. 다시 말해서 하나님은 모든 나라의 존속 기간과 경계선을 결정하신다. 또한 그분은 로마 제국이 언제 세워지는지, 그 제국의 영토가 어디까지 확장되는지, 또한 그 제국이 언제 쇠퇴하고 멸망하는지까지도 주관하신다. 이것은 다른 모든 나라와 왕국 및 민족과 관련해서도 마찬가지다.

이처럼 하나님의 절대 주권은 온 땅과 모든 민족에게 영향력을 행사한다! 그렇다면 그 주권은 개인에게도 영향을 미치는가? 사도행전의 이 본문은 하나님이 미세한 대상들에게도 주권을 행사하신다는 것을 어떻게 보여 주는가?

이 질문과 관련해서 이렇게 생각해 보자. 하나님이 어떤 나라가 언제 어느 곳에 등장하고 존속하는지 결정하신다는 것은 필연적으로 그 나라를 형성하는 모든 개인의 결정도 통제하신다는 것을 전제한다. 또 다른 사례를 생각해 보자. 1776년도에 미국이 세워졌다. 그 과정에 수많은 개인이 동참하고 결정해서, 그 결과를 만들어 냈다. 하나님은 모든 나라가 세워지고 막을 내리는 과정을 결정하고 이끄신다. 그러므로 그분은 미국이라는 나라가 세워지는 것뿐만 아니라, 개개인이 그 나라가 세워지게 하고 '경계'(국경선)를 결정하는 데에도 은밀하게 주도적으로 관여하셨다.

하나님이 한 나라의 건국과 국경선이 결정되는 데 주도적인 역할을 하신다는 것은 수많은 사람과 그들의 선택 및 결정도 주관하신다는 것을 뜻한다. 이처럼 하나님의 절대 주권은 모든 대상에게 광범위하게 미치며, 또한 모든 미세한 사항에 이르기까지 세밀하게 미친다.

성경의 많은 본문은 하나님의 절대 주권이 광범위한 대상뿐만 아니라, 지극히 작은 사항에 이르기까지도 그 영향력을 행사함을 입증한다. 하나님의 절대 주권은 모든 세부적인 것도 주관한다. 그래서 잠언의 지혜자는 이렇게 말한다. "제비는 사람이 뽑으나 모든 일을 작정하기는 여호와께 있느니라"(잠 16:33). 하나님은 전체를 구성하는 모든 세부 사항을 주관하신다.

하나님은 "모든 일을 그의 뜻의 결정대로"(엡 1:11)행하신다. 하나님의 절대 주권은 모든 대상에게 미친다. 그래서 하나님은 "그의 뜻대로 부르심을 입은 자들에게는 모든 것이 합력하여 선을"(롬 8:28) 이루게 하신다. 이것은 하나님이 모든 대상을 전적으로 주관하신다는 것을 전제로 하는 약속의 말씀이다.

만약 하나님이 그것을 보증하기 위해서 그분의 절대 의지를 행사하지 않으신다면, 그분은 그런 대단한 일을 보장하실 수 없을 것이다. 그러므로 하나님의 의지가 결정적인 요소다. 하나님이 어떤 일을 실행하기로 결정하실 때는 그분의 의지가 결정적으로 작용한다. 하나님의 의지와 뜻대로 될 것이다. 그러므로 하나님은 그분의 절대 주권을 모든 대상에게 행사하신다. 그 범위와 영역은 모든 것을 포괄하며 지극히 광대하고 동시에 지극히 미세하다.

여기서 야고보는 하나님의 절대 주권과 관련해서 한 가지를 덧붙인다. 그는 하나님이 현재뿐만 아니라, 미래에 대해서도 절대 주권을 지니고 계신다고 말한다. "주의 뜻이면 우리가 살기도 하고 이것이나 저것을 하리라"(약 4:15). 하나님은 미래에 대해서 알고 계실 뿐만 아니라 미래를 주관하신다. 그래서 이사야서에는 이렇게 기록되어 있다. "내가 시초부터 종말을 알리며 아직 이루지 아니한 일을 옛적부터 보이고 이르기를 나의 뜻이 설 것이니 내가 나의 모든 기뻐하는 것을 이루리라"(사 46:10).

하나님의 의지(뜻)는 어떤 사람의 의지(뜻)가 아니라, 그 사람의 미래를 결정하신다. 그래서 잠언의 지혜자는 이렇게 말한다. "사람의 마음에는 많은 계획이 있어도 오직 여호와의 뜻만이 완전히 서리라"(잠 19:21). 역시 하나님의 의지와 뜻이 결정적인 역할을 한다. 이 원리는 변함이 없다. "여호와의 계획은 영원히 서고 그의 생각은 대대에 이르리로다"(시 33:11).

이제 당신은 이 성경 구절들이 미래를 주관하는 하나님의 절대 주권을 어떻게 입증하는지 이해가 되는가? 야고보서 4장 15절의 내용은 성경 전체의 증언과도 일치한다. 한마디로 말해서 하나님의 절대 주권에 근거한 통치는 모든 대상, 심지어 가장 미세한 대상에게까지 미친다. 또한 그것은 과거와 현재, 미래를 모두 주관한다. 그분은 전능하신 하나님이시다. 그분은 알파와 오메가이시다. 그분은 만물의 주님이시다. 또한 그분은 언제나 영원 전부터 영원히 존재하신다.

어떤 사람들은 하나님의 절대 주권과 관련해서 이처럼 강력한 견해를 받아들이면, 그것이 사람에게서 책임을 면제해 준다고 생각한다. 이 점과 관련해서, 사람들의 반응은 양극단으로 나뉘는 경향이 있다.

어떤 사람들은 이렇게 말한다. "좋아, 내가 현재와 미래를 주도할 수 없다면, 그냥 가만히 앉아서 아무것도 하지 않겠어." 그러나 이것은 결코 성경의 가르침에 부합하는 반응이 아니다. 앞에서 살펴보았듯이, 성경은 하나님의 절대 주권에 대해서 매우 강력한 관점을 지지한다. 그렇지만 또한 성경은 저마다 자기의 행동에 대해서 책임을 져야 한다고 가르친다. "그러므로 우리는 각각 자기 일을 하나님께 사실대로 아뢰어야 할 것입니다."(롬 14:12, 새번역).

우리는 모두 저마다 의지를 지니고 있다. 또한 우리는 저마다 자기의 본성에 따라서 행동한다. (아담에게서) 죄성을 물려받은 사람들은 본성에 영향을 받아서 행동한다. 그러나 하나님 아버지는 그리스도를 통해서 우리 그리스도인들에게 성령님을 보내 주셨다. 그래서 그리스도인들 안에는 성령님이 사신다. 우리는 거듭나서 새로워진 성품을 따라, 성령님의 능력에 힘입어 행동한다(롬 6:18-22).

이처럼 하나님은 절대 주권을 지니셨다. 반면에 사람은 자기 의지에 따라서 행동한다. 그래서 사람은 자기 행위를 책임져야 한다. 하나님의 뜻은 그분의 절대 주권에 기초한다는 것에 주목하는 것은 중요하다. 우리는 인간의 의지가 하나님의 의지 위에 있거나, 또는 그것과 동등하다고 이해해서는 결코 안 된다. 하나님은 모든 것을 그분의 뜻대로 행하신다(엡 1:11). 아무도 하나님이 하시는 일을 막지 못한다(단 4:35). 그래서 잠언의 지혜자는 이렇게 말한다. "지혜로도 못하고, 명철로도 못하고 모략으로도 여호와를 당하지 못하느니라"(잠 21:30).

이제까지 하나님의 절대 주권에 대해서 야고보가 가르치는 강력한 관점을 살펴보았다. 이제 절대 주권에 관한 또 다른 강조점에 주목하자. 만약 우리의 미래가 하나님의 의지와 전혀 상관이 없다고 말한다면, 우리는 결과적으로 미래를 주관하시는 하나님을 부인하는 것이다. 마치 그분이 존재하지 않으시는 듯이 말하는 것이다. 그것은 은밀한 무신론이다. 인간의 교만은 자기의 생각에서 하나님을 없애 버리고자 한다. 그렇지만 야고보는 하나님은 가까이 계시며, 모든 것과 연관되어 있으시다고 말한다. 또한 그분은 모든 것을 주관하고 이끄신다고 말한다.

우리 자신을 높이며, 하나님을 낮추고자 하는 인간의 교만은 싸움과 다툼에 원인을 제공한다. 우리는 하나님을 바라보지 않고 주변을 바라봐서, 서로 싸우고 다툰다.

우리는 하나님을 우리의 고려 대상에서 배제하고자 한다. 그렇지만 우리의 삶에서 싸움과 다툼의 문제를 본질적으로 해결하려면 하나님께 절대 주권이 있음을 이해하는 것이 매우 중요하다. 왜냐하면 우리는 하나님을 무시하고 소홀히 여겨서 자기의 온갖 욕망을 내세우기 때문이다. 그리고 우리는 험한 말과 그릇된 행동으로 우리의 처지를 스스로 개선하려고 한다. 그러나 우리가 하나님을 절대 주권을 지니고 그것을 실행하시는 분으로 여긴다면, 우리는 자기 자신과 자신의 꾀를 의지하는 대신에 하나님을 찾을 것이다.

그러므로 하나님의 절대 주권을 인정하고, 그 진리에 근거해서 행동하자. 그리고 하나님을 신뢰하고 의지하며 그분의 뜻을 추구하자. 그러면 우리는 독자적으로 행동하거나, 화를 내거나, 난폭한 행동을 하지 않을 것이다.

하나님의 절대 주권에 올바르게 반응하는 것은 우리의 책임을 덜어 주지 않는다. 우리가 무엇인가를 애써서 시도할 필요가 없어지는 것도 아니다. 또한 하나님을 어떤 변덕스러운 무서운 대상으로 여겨 두려워하는 것도 아니다. 이처럼 사람들은 종종 하나님의 절대 주권에 대한 가르침과 관련해서 앞에서 지적한 것처럼 오해한다.

그러나 야고보는 오히려 하나님의 의지를 우리 삶의 결정적인 요소로 간주하라는 취지로 권면한다. "주님의 뜻이면, 내가 그곳에 가서 사업을 신실하게, 또 열심히 하고 이득을 남기리라." 또한 기도에 힘쓰는 것도 하나님의 절대 주권에 올바로 반응하는 것이다.

하나님의 의지는 모든 일을 결정한다. 그러므로 당신이 세상을 사는 동안 하나님께 은혜를 받고 축복을 누리고 싶다면, 하나님을 찾고 그분께 간구하라. 하나님은 모든 것(큰 것, 작은 것, 현재, 미래, 가능한 것, 확실한 것)에 결정적인 요인을 제공하신다. 당신이 바라는 것을 얻지 못할 때, 화를 내거나 두려워하거나 싸우지 말고, 절대 주권을 지니신 하나님을 찾으라.

마땅히 해야 할 일을 소홀히 한다면, 그 사람은 하나님이 어떤 분이신지 이해하지 못한 것이다. 절대 주권을 지닌 우리 하나님은 우리가 힘들고 궁핍한 때에 은혜로 도움을 베푸신다. 웨스트민스터 신앙고백은 이렇게 말한다. "하나님은 그분의 가장 지혜롭고 거룩한 뜻과 계획에 의해서 앞으로 일어날 모든 일을 영원 전부터 결정(작정)하셨다. 그것은 절대로 변하지 않는다. 그러나 하나님은 죄의 장본인이 아니시다. 또한 그분은 피조물의 의지를 침해하지도 않으신다. 그리고 제2원인들이 일어날 자유나 우발성을 제거하지도 않으신다. 오히려 그것을 확립하신다."(신앙고백 3.1).

우리는 때때로 만약 하나님이 우리의 미래의 행복에 우리보다 더 강력한 주도권을 행사하신다면, 그 미래는 무섭고 두려울 것이라고 생각한다. 나는 여러 사람에게서 이것을 직접 경험했다. 어떤 사람들은 하나님의 절대 주권에 대한 가르침을 듣고, 이전보다 신앙과 삶에 대한 자신감을 덜 느끼고 마음의 평안을 다소 잃어버렸다. 이 점은 우리가 얼마나 자기 자신을 통제하고자 하는 생각에 몰두해 있는지 잘 보여 준다.

우리는 하나님이 아니라 스스로 주도권을 갖고 모든 것을 주관할 때, 더 마음의 평안을 누릴 것이라고 생각한다. 이 얼마나 무례한 자세인가! 야고보는 우리가 바로 다음 사실을 뼈저리게 느끼기를 원한다. 곧 우리의 죄는 절대 주권을 지니신 하나님을 화나게 하고 모욕한다. 그래서 우리는 하나님을 의심하는 대신에, 온전히 신뢰하고 의지해야 한다. 우리는 우리의 불신과 의심을 회개해야 한다. 하나님은 뉘우치며 회개하는 죄인들을 기뻐하며 맞아 주신다. 또한 연약해서 비틀거리는 그분의 어린양들을 기꺼이 도와주신다. 우리는 이 사실에 기뻐하며 하나님께 감사해야 한다.

하나님은 그분에 대한 진리가 우리의 감정에 긍정적인 영향을 미치기를 바라신다. 또한 하나님은 우리가 그분이 어떤 분이신지 믿고 위로받기를 기대하신다.

언젠가 제자들이 예수님과 함께 배를 타고 갈릴리 호수를 건너갈 때였다. 갑자기 거센 바람이 몰아쳐서, 배가 가라앉을 지경에 이르렀다. 그때 예수님은 고물에서 베개를 베고 주무시고 계셨다. 두려움에 휩싸인 제자들은 예수님을 깨우면서 불만스러운 음성으로 말했다. "선생님이여 우리가 죽게 된 것을 돌보지 아니하시나이까"(막 4:38)? 그러자 예수님은 일어나서 한마디 명령으로 호수를 순식간에 잠잠하게 하셨다. 그리고 제자들에게 다음과 같이 날카롭게 질문하셨다. "어찌하여 이렇게 무서워하느냐"(막 4:40)?

예수님은 그분에 대한 제자들의 믿음이 그 상황에서도 그들에게 신뢰와 평안을 가져다주어야 했다는 취지로 말씀하신다. 제자들에게 예수님에 대한 진정한 믿음이 있었다면, 그 상황에서도 그들은 무서워하거나 두려워하지 않았을 것이다. 예수님은 그들의 믿음이 너무 연약해서 거의 없는 것과 마찬가지라고 말씀하신다(마 8:26; 막 4:40 참조).

그렇다면 왜 우리에게 평안이 없는가? 아마도 우리가 하나님에 대한 진리를 제대로 깊이 깨닫지 못해서 그럴 것이다. 아마도 우리의 마음과 생각에 하나님에 대한 지식이 거의 없기 때문일 것이다. 우리는 진리로 철저히 무장되어 있지 않다. 그러나 예수님은 진정한 믿음을 가진 사람들은 의심하거나 두려워하지 않는다고 말씀하신다. 우리에게 평안과 기쁨이 있는지는, 우리의 믿음이 참인지 그렇지 않은지를 시험하는 기준이라고 말할 수 있다.

하나님이 절대 주권을 지니셨다는 사실이 마음속에 위로와 평안을 가져다주는가? 당신은 하나님이 모든 것을 주관하시며, 무슨 일이 일어날지 이미 작정하셨다는 가르침을 진정으로 기뻐하는가? 이것이 혼란스러운 당신의 생각을 진정시키는가? 당신의 삶을 잘 견뎌 내게 하는가? 그렇지 않다면, 당신이 죄에 대해서 당신이 아니라 하나님을 은밀히 탓하고 있기 때문일 것이다. 그 죄는 당신의 삶이나 당신이 사랑하는 어떤 사람의 삶에 해를 끼쳤을 것이다.

우리의 마음속에 하나님에 대해서 혼란스러운 생각들이 떠오를 수도 있다. 그때 다음 사실을 기억하는 것이 중요하다. 하나님의 아들, 예수 그리스도는 하늘 보좌를 버리고 아버지의 구원 계획에 순종해서, 스스로 이 땅에 오셨다. 이 땅에서 그리스도는 누구보다도 더 극심한 고난을 겪으셨다. 그분은 사람들에게서 미움과 경멸을 받으셨다. 사람들은 기어이 그분을 십자가에 못 박았다.

하나님은 멀리 계시며, 감정의 변화를 조금도 느끼지 않으시는 분이 아니다. 그분은 하늘 보좌에 앉아서, 사람들이 죄를 짓도록 작정하시고, 그 모습을 기뻐하며 바라보시는 분이 절대로 아니다. 하나님은 죄를 몹시 미워하신다. 그러나 하나님은 죄를 뉘우치고 회개하는 죄인들을 사랑하신다. 하나님은 그분의 자녀들을 악에서 구원하는 일이라면 무엇이든 하며, 아무것도 아끼지 않으신다. 따라서 죄와 관련해서, 하나님은 비난의 대상이 절대로 아니다. 그것에 대한 책임은 사람들에게 있다.

사람들이 죄를 짓는 것을 허용하신 하나님은 동시에 그리스도가 그들을 모든 죄와 죽음에서 구원하도록 작정하셨다. 곧 하나님은 그리스도가 십자가 위에서 피 흘리는 것을 통해서 죄인들에게 구원의 길을 마련해 주셨다. "우리가 아직 죄인 되었을 때에 그리스도께서 우리를 위하여 죽으심으로 하나님께서 우리에 대한 자기의 사랑을 확증하셨느니라"(롬 5:8).

하나님 앞에서 당신의 죄와 그 죄에 대한 당신의 책임을 인정하라. 그러면 하나님의 사랑과 은혜가 당신을 다시 한번 놀라게 할 것이다. 당신을 사랑하시는 이 하나님이 바로 우주에 대한 통치권을 갖고 계신다. 이 사실에 위로를 얻으라.

당신은 하나님의 절대 주권과 인간의 책임이 어떻게 맞물리는지 충분히 이해하지 못할 수도 있다. 비록 온전히 이해하지 못해도, 당신은 사랑이 넘치시는 하나님을 신뢰할 수 있다는 사실을 알게 될 것이다.

놀랍게도 무려 우주를 다스리는 절대 주권을 지니신 하나님 아버지와 동일한 신성을 지닌 하나님의 아들, 예수 그리스도의 손은 당신을 위해서 십자가에서 못 박혔다. 예수 그리스도 안에서 하나님의 은혜로 그분의 본질적인 선하심과 자비하심이 나타났다. 이제 이 사실을 겸손히, 새롭게, 굳게 믿으라. 그리고 하나님의 속성들을 깊이 묵상해 보라. 그러면 그 사실은 당신을 두렵게 하는 대신에, 오히려 당신의 마음과 생각과 삶을 새롭게 할 것이다. 그리고 그 사실이 당신의 심령에 새로운 영적 힘을 넘치도록 부어 줄 것이다.

하나님은 전지하시다. 곧, 모든 것을 낱낱이 알고 계신다. 그 하나님은 당신에게 위협의 대상이 아니다. 오히려 하나님은 당신에게 다음 사실을 깨닫게 해 주실 것이다. 하나님은 당신이 처한 비참한 상황에 절대로 놀라지 않으시며, 그분의 자녀를 구원하시겠다는 계획을 거두어들이지 않으신다.

시편의 거룩한 시인은 이렇게 하나님을 찬양했다. "우리 주는 위대하시며 능력이 많으시며 그의 지혜가 무궁하시도다"(시 147:5). 하나님은 전능하시다. 즉 하고자 하는 것은 무엇이든지 하실 수 있다. 그 하나님은 당신이 놀라거나 무섭게 하지 않으실 것이다. 당신의 영혼을 구원하신 하나님은 약속하신 대로 이 세상에서뿐만 아니라, 오는 세상에서도 당신을 온전히 보호하실 것이다(시 23:6). 그 사실에 기뻐하라.

또한 하나님은 영원하시다. 하나님은 시간을 창조하셨고, 그 시간을 초월해서 존재하신다. 이 사실이 당신을 감격하게 할 것이다. 당신은 언제나 존재하고, 변하지 않으며, 영원부터 영원까지 존재하시는 하나님을 어느 때나 어느 곳에서나 신뢰하고 의지할 수 있다(시 90:1-2; 말 3:6).

이 점과 관련해서 찰스 스펄전(Charles Spurgeon)은 다음과 같이 훌륭하게 말했다. "그리스도를 깊이 묵상하면, 거기에는 모든 상처를 낫게 하는 가장 고귀한 향유가 있다. … 당신의 슬픔을 온전히 사라지게 하고 싶은가? 당신의 염려로부터 완전히 벗어나고 싶은가? 그렇다면 하나님의 사랑과 은혜와 자비의 깊은 바닷속에 푹 잠기라. 그와 같은 그분의 속성들에 당신을 온전히 내맡기라. 그러면 당신은 가장 안락한 침대에서 나오는 것처럼 모든 슬픔과 염려에서 벗어나서 가뿐한 마음으로 나올 것이다. 당신은 당신의 몸과 영혼을 소생시키는 새로운 힘을 얻을 것이다. 하나님의 사랑과 은혜와 자비의 바다만큼 당신의 영혼을 온전히 위로하고, 슬픔과 근심을 송두리째 완전히 사라지게 해 주는 곳은 없다. 그러므로 하나님의 성품과 하시는 일에 대해서 깊이 묵상하라. 그리고 거세게 몰아치는 시련의 바람을 향해 잠잠하라고 외치라."[21]

{ 더 깊은 묵상을 위한 질문 }

1. 미래의 여러 가지 계획에 대한 우리의 말이
   왜 우리의 믿음이나 아니면 믿음이 없음을 반영하는지 설명하라.

2. 어떻게 미래에 대한 교만한 언사가
   싸움과 다툼의 원인을 제공하는지 설명해 보라.

3. 왜 미래에 대한 잘못된 호언장담은 유한한 인간을
   근거 없이 의기양양하게 만드는가?

4. 지각 능력을 지닌 유한한 존재(sentient ephemera)라는 용어에 관해서 설명하라.
   그 용어는 이 장의 논의에서 어떤 연관성을 지니는가?

5. 미래에 대한 잘못된 언사는 왜 하나님의 지위를 낮추는가?

6. 하나님의 절대 주권은 광범위한(extensive) 동시에
   또한 세부적(intensive)이라는 것은 무엇을 의미하는가?
   우리는 하나님의 절대 주권이
   이 두 가지 측면을 모두 지니고 있음을 어떻게 알 수 있는가?

7. 하나님의 절대 주권은 모든 것을 주관하고 다스린다고
   가르치는 성경 구절은 어떤 것이 있는가?

8. 하나님의 절대 주권은 미래에 대해서도 그 통치력을 행사하는가?
   우리는 그것을 어떻게 알 수 있는가?

9. 싸움과 다툼의 원인을 제공하는 것이
   왜 하나님의 절대 주권에 대한 불신앙과 관련되는지 설명하라.

10. 하나님의 절대 주권에 대한 몇 가지 그릇된 견해를 제시해 보라.

11. 하나님을 불신하도록 유혹을 받을 때,
    예수 그리스도를 기억하는 것은 왜 중요한가?

결론

하나님의 은혜로
선과 의를 실행하기

"이제도 너희가 허탄한 자랑을 하니

그러한 자랑은 다 악한 것이라

그러므로 사람이 선을 행할 줄 알고도

행하지 아니하면 죄니라"(약 4:16-17).

이제 야고보서 4장은 진지한 어조로 결론에 이른다. 야고보는 교만에서 비롯된 우리의 자랑은 본질적으로 악하다고 말한다. 그리고 그는 우리에게 하나님의 은혜와 성령님의 능력에 힘입어 선과 의를 행할 책임이 있다고 지적한다.

교만에 근거한 자랑은 악한 것이다

야고보는 자신의 교만한 계획을 확신하며 자랑하는 것은 악하다고 말한다. 곧 그는 자만에 대해서 말한다. 만약 당신이 하나님을 의지하지 않는다면, 당신밖에 신뢰할 대상이 누가 있겠는가? 당신이 하나님을 신뢰하지 않는다면, 당신은 어떤 방식으로든지 사람을 믿는 것이다. 당신이든지 아니면 다른 사람을 신뢰하는 것이다.

이와 같이 인간 중심적인 자만은 악한 것이다. 왜냐하면 그와 같은 자세는 하나님께 영광과 명예를 돌리지 않기 때문이다. 자기 자신을 높이고 신뢰하는 성향은 우리가 세우는 계획에서 하나님을 배제하며, 그분께 불명예를 가져다준다(약 4:13-15). 또한 하나님과 그분의 율법에 대해서 비방한다(약 4:11-12). 그리고 다른 사람들과 싸우고 다투는 데 원인을 제공한다(약 4:1-10).

세상에는 많은 돈을 벌고자 하는 사람들이 가득하다. 그들은 사람들에게 자기 자신을 믿으라고 부추긴다. 정신과 의사들은 자립과 자조에 대해서 조언한다. 그들은 언제나 자기 안에 있는 잠재 능력을 끄집어내라고 사람들에게 권면한다. 그래서 그들은 사람들이 스스로 자신의 행복에 대한 열쇠를 지니고 있다고 생각하게 한다. 또한 저마다 긍정적인 사고의 힘을 무제한으로 활용해서 변화와 성공을 위한 잠재력을 극대화하도록 조언한다.

이런 대중 사상가들이 지닌 문제는 과연 무엇일까? 그들은 자기 스스로 정의한 변화를 실행하도록 조장한다. 또 자아를 위해서 자신의 능력으로 그 변화를 실현하라고 사람들에게 말한다. 그들의 조언을 따라서, 당신은 "내가 진정으로 원하는 것이 무엇인가?" 스스로 질문한다. 그리고 당신의 목표를 이루고자 한다. 그렇다면 당신은 그것을 성취하기 위해서 자기의 생각과 의지에서 나오는 다양한 힘을 통해서 당신 자신을 끊임없이 훈련해야 한다.

이 모든 과정에서 당신은 스스로 이 일을 수행해야 한다. 왜냐하면 '당신은 성공을 위해서 노력할 만한 가치가 있고, 또한 더 나은 삶을 살 만한 가치가 있는 사람이기 때문이다.' 그것은 당신 스스로 당신이 원하는 것을 당신 자신의 힘으로 추구하는 것이다. 한마디로 이 모든 것은 인간 중심주의이자 개인주의다.

나는 자립과 자조를 주장하는 이들의 강연을 여러 번 들어 보았다. 또 그들의 말을 따랐던 몇몇 사람이 자신이 들은 내용을 나에게 전해 주기도 했다. 그래서 나는 다음과 같은 결론에 이르렀다.

그 강연자들이 가르치는 것을 한마디로 말하자면 그리스도 없는 성화다. 만약 고대 그리스도인들이 그들의 강연을 들었다면, 분명히 이렇게 말했을 것이다. "그것은 고대의 한 가지 이단 사조인 펠라기우스주의(Pelagianism)의 변형에 지나지 않는다." 펠라기우스는 인간이 죄의 본성을 지니지 않은 채 태어난다고 주장했다. 그리고 그 인간은 하나님의 도움 없이 하나님을 사랑하고 그분을 기쁘시게 하는 것을 자기 스스로 선택할 수 있다고 가르쳤다.

그러나 성경은 정반대의 진리를 가르친다(요 6:44 참조). 그리고 분명히 하나님은 거룩한 변화가 무엇인지에 대해서 정의를 내리신다. 그 거룩한 변화 과정은 그리스도 안에서 성령님의 능력에 힘입어, 하나님의 영광을 위해서 성취된다(요 15:5; 고전 10:31). 인간 중심주의와 개인주의는 나 자신을 위해서 나 자신의 힘으로 내가 원하는 것을 추구한다. 반면에 그리스도인은 하나님의 영광을 위해서 하나님의 능력으로 변화를 추구한다.

우리의 문화는 인간 중심주의와 개인주의에 근거한 온갖 환상으로 가득하다. 오늘날 서점에는 어떤 사람들이 자기 스스로 무엇인가 위대한 것을 찾아내거나 고안해서, 그것을 자기 힘으로 노력해서 온갖 어려움을 극복하고 성취했다는 이야기를 전하는 책들이 즐비하다. 영화 산업도 지난 이삼십 년간 초인간적인 영웅에 관한 이야깃거리들이 주도했다. 예를 들면, 매우 건장한 체격을 지닌 주인공들은 나쁜 사람들을 때려눕힌다. 마침내 그들은 온갖 위험과 협박을 무릅쓰고, 해결할 수 없을 듯한 문제들을 해결한다.

이와 같은 이야기는 궁극적으로 인간의 의지를 성취하는 데 목적을 둔다. 사람들은 약삭빠른 생각과 강한 주먹으로 저마다의 문제를 말끔히 해결해서 더 나은 세상을 만들기를 바란다. 그래서 그들은 영화 속 주인공들이 일을 처리해 나가는 다양한 극적인 방법과 과정을 지켜보면서 즐거워한다.

시련 가운데 있는 사람들은 종종 자신이 원하는 것에 대한 환상을 품는다. 그 예로, 그들은 다음과 같은 꿈을 꾸기도 한다. 회사 대표에게 큰 소리로 말대꾸한다. 집에서 멀리 달아난다. 자기가 사랑하는 사람의 어려운 상황이 개선되도록 도와준다. 자신의 생각을 어떤 사람에게 솔직하게 모두 털어놓는다. 심지어는 자신이 미워하는 사람에게 폭력을 행사한다. 이런 잠재적인 충동이 실제 상황에서 그대로 일어난다면, 그것은 싸움과 다툼을 불러올 것이다.

당신이 사면초가에 처했다고 가정하자. 당신은 당면한 문제를 해결하기 위해서 두 가지 중에서 한 가지를 선택할 것이다. 곧 '육신의 힘'으로 해결하든지, 아니면 '하나님의 도우심과 이끄심'을 통해서 해결하든지 선택해야 한다.

교만한 사람들이 자신의 힘을 믿는 것을 예레미야서 17장은 이렇게 묘사한다. "여호와께서 이와 같이 말씀하시니라 무릇 사람을 믿으며 육신으로 그의 힘을 삼고 마음이 여호와에게서 떠난 그 사람은 저주를 받을 것이라 … 그러나 무릇 여호와를 의지하며 여호와를 의뢰하는 그 사람은 복을 받을 것이라"(렘 17:5, 7).

성경에서 '팔'이라는 용어는 종종 힘(권능) 또는 도움을 가리키는 은유적인 표현으로 사용된다(출 6:6; 시 89:21). 우리는 도움을 얻기 위해서 사람이나 하나님께 나아간다. 이 두 선택지밖에 없다. 이사야 선지자 시대에 이스라엘은 외세의 침략에 직면했을 때 어리석게도 하나님 대신에 사람들과 다른 나라에 의존하고자 했다(사 31:3).

성경은 사람들에게 도움을 요청하는 행위를 문자적으로 '육신의 팔'을 의지하는 것이라고 표현한다. 사람에게 도움을 요청하는 것은 육신의 연약함을 나타내는 한 가지 방법이다. 왜냐하면 "모든 육체는 풀"(사 40:6)이기 때문이다. 풀은 시들어서 꺾인다. 육신을 지닌 사람도 결국 그와 비슷하게 된다. 인간은 본질적으로 연약하며 유한하다. 따라서 인간의 도움과 지혜를 의지하는 것, 심지어 자기 자신을 의지하는 것은 어리석은 것이다.

잠언의 지혜자는 이렇게 권면한다. "너는 마음을 다하여 여호와를 신뢰하고 네 명철을 의지하지 말라"(잠 3:5). 그러므로 연약하고 유한한 인간을 전적으로 의지하는 인간 중심주의는 논리적으로 이치에 맞지 않는다. 하나님은 영원히 존재하시며, 모든 것을 아시고 주관하신다. 진정한 도움을 얻으려면 하나님의 말씀을 주의 깊게 들으라. 오직 그분만을 신뢰하고 의지하라. 당신의 미래와 관련해서, 그분께 도움을 청하고 모든 것을 맡기라.

싸움과 다툼에 원인을 제공하는 사람은 육신의 팔을 의지한다. 그의 희망이나 기대는 자기 확신으로 똘똘 뭉쳐 있다. 그래서 자기 방법대로 문제를 해결하려고 하며, 하나님께 내맡기지 않는다.

여기서 야고보는 사람들이 자기의 교만한 계획을 자랑한다고 말한다. 그는 바로 인간의 자기 의지와 자기 신뢰가 잘못되었다고 지적한다. 우리는 자기를 신뢰하고 의지하기를 그만두어야 한다. 그 대신 하나님에게서 은혜와 힘을 얻기 위해서 그분을 온전히 신뢰하고 의지해야 한다. 그러면 어떤 난처한 상황에서도, 우리는 싸움이나 다툼을 일으키는 방법으로 문제를 해결하지 않을 것이다.

다른 사람들의 악한 사례와 달리, 인간 중심주의나 개인주의가 자기의 행동에 책임을 지고 자기에게 주어진 시간과 재능을 올바른 방법으로 사용한다면, 그것은 좋은 것으로 여겨질 수 있다. 어떤 사람이 이렇게 말한다고 하자. "지금 나는 내 문제로 골머리를 앓고 있어. 이제 어떻게든지 무슨 수를 써서라도 그것을 해결해야 해. 내가 모든 책임을 져야만 해." 그렇게 스스로 다짐하고 문제를 해결하려고 애쓴다면, 거기에는 긍정적인 측면이 있다. 그렇지만 사람들이 다음과 같은 자세를 취한다면 그것은 잘못된 것이다. 마치 하나님이 존재하시지 않는 듯, 또는 하나님을 우리와 아무런 상관도 없는 분으로 여겨서 모든 것을 실행하기 위해 단지 자기 자신만 의지한다면, 그것은 그릇된 것이다(히 4:13 참조).

또한 사람들이 다음과 같이 생각하는 것도 잘못된 것이다. '나는 아무리 어려운 일도 충분히 혼자 처리할 수 있어. 나는 모든 상황에 잘 대처할 수 있어. 나는 영적으로도 계속해서 성장해 갈 거야.'

우리는 하나님의 손에서 모든 것을 구해야 한다. 다음과 같이 말하는 것은 훌륭한 개인주의다. "나는 모든 일에 책임을 져야 해. 나는 겸손히 하나님 앞에 나아갈 거야. 내가 아니라, 오직 사랑과 은혜가 넘치며 온전히 부유하신 하나님만 내게 필요한 모든 것을 충족시켜 주시지. 그래서 나는 굳건한 믿음과 의지로 하나님께 나아가서 필요한 모든 것을 구할 거야. 그리고 내 모든 죄를 용서해 주시고 나의 난처한 상황을 해결해 주시기를 간청할 거야."

선과 의로움을 행해야 할 책임

야고보서는 우리에게 여러 참신한 사고방식을 소개해 주었다. 그는 교만과 불신앙이 우리를 온갖 욕망에 사로잡히고 집착하게 해서, 그것으로 말미암아 다른 사람들에게 싸움과 다툼의 원인을 제공하도록 몰아간다고 말했다. 또한 어떻게 뉘우치고 회개하며, 우리가 초래하는 갈등을 해결할 수 있는지도 알려 주었다. 그리고 교만은 일종의 심리적 및 영적인 질병이라고 지적하며, 교만은 우리의 영혼에 은밀히 스며들어서, 하나님을 불명예스럽게 하는 교묘한 방법으로 그 모습을 드러낸다고 밝혔다. 이와 같은 내용을 통해서 야고보서 4장은 우리에게 매우 유익한 도움을 준다.

야고보서는 그리스도인의 개인적인 책임을 언급하며 마무리된다. 야고보는 그 책임에 대해서 간단하게 단도직입적으로 알려 준다. "이제 여러분은 이 편지의 내용을 모두 들었습니다. 이제 여러분은 무엇이 선하고 옳은지 잘 알고 있습니다. 만약 여러분이 이를 실행하지 않는다면, 그것은 죄를 짓는 것입니다." 그는 하나님이 그분의 자녀들에게 선하고 옳은 일을 실행하기를 기대하신다고 말한다. 그러므로 기독교 신앙에는 도덕적으로 느슨하고 방탕한 삶을 조장하는 거짓된 종교를 위한 여지가 전혀 없다.

오늘날 많은 그리스도인은 반율법주의(antinomianism, '오직 믿음'을 강조하며 하나님의 율법과 말씀을 실행하기를 소홀히 하는 그릇된 신학 이론-역주)의 늪에서 허우적댄다. 이들은 하나님의 율법과 그것을 실행하는 것은 중요하지 않다고 주장한다. 만약 누군가가 하나님의 약속의 말씀에서 평안과 위로, 형통과 축복의 메시지를 듣기는 좋아하지만 이를 행하는 데 별로 관심이 없다면, 이 오류에 빠진 것이다.

나는 몇 해 전에 로마 가톨릭교회에서 성장한 십 대 소녀를 알게 되었다. 내가 목회하던 시절에 그 소녀는 우리 교회를 나오기 시작했다. 소녀는 복음의 메시지를 진지하게 들었고, 얼마 지나자 내가 전하는 설교 내용이 자기가 어린 시절부터 들은 것과 상당히 다르다는 것을 파악했다. 그래서 내 설교 내용이 정말로 성경 안에 있는지 또한 성경의 가르침에 부합하는지 확인하고자 했다.

내 아내와 나는 그 소녀와 로마서 1장부터 4장까지 차근차근 자세하게 공부했다. 그 공부를 통해서 그 소녀는 행위를 통해서가 아니라, 오직 그리스도를 믿음으로 구원을 받는다는 진리가 참이라고 깨달았다. 세례를 받고 정식 교인이 될지 그 소녀는 오랫동안 주저했지만, 곧 부모님께 동의를 얻고 마침내 오직 믿음으로 구원을 받는다는 성경의 가르침에 순종하기로 했다. 그리고 교회 앞에서 그리스도를 자기의 구주로 공적으로 고백하고 세례를 받았다.

몇 주가 흐르고 예배가 끝나자 그 소녀가 내게 와 말했다. 소녀의 동네에는 우리 교회를 다니지 않는 많은 그리스도인 친구들이 있는데, 그들은 성경이 가르치는 윤리관에 전혀 관심 없이 자기에게 좋을 대로 살아가는 것을 목격했다는 것이다. 그들은 종종 과음하고, 거친 말을 주고받으며, 심지어 문란한 성관계를 했다. 그 소녀는 나에게 이렇게 물었다. "누가 정말로 옳은가요? 자기가 원하는 대로 거침없이 살아가는 사람들이 옳은가요? 아니면 그들과 매우 다르게 이 교회의 교인들처럼 성경 말씀대로 살려고 애쓰는 사람들이 옳은가요?"

그 소녀는 우리 교회가 그 지역에서 반율법주의 입장을 분명하게 반대하는 유일한 신앙 공동체라고 이해하고 있었다. 나는 그 소녀에게 로마서 6장을 천천히 몇 번 정독하게 했다. 그리고 그 소녀는 다음 사실을 분명하게 깨달았다. 곧 하나님의 은혜로 죄와 영원한 죽음에서 구원을 받는다는 것은 옳고 그름과 상관없는 삶을 사는 것이 절대로 아니다. 하나님의 은혜는 결코 하나님의 계명을 없애거나 무효화하지 않는다. 오히려 하나님의 은혜는 그리스도 안에서 성령님을 통해서 그 계명을 실천할 수 있도록 그리스도인들에게 영적인 능력을 공급해 준다(딛 2:11-12; 갈 5:16).

야고보는 우리가 무엇이 선하고 옳은지 알면서도 그것을 실행하지 않으면, 그것은 죄라고 말한다. 그렇다면 그가 야고보서 4장에서 우리에게 무엇을 실행하기를 원하는지 다시 한번 살펴보자. 그것은 식료품을 살 때처럼, 어떤 품목은 구매해야 하지만, 다른 품목은 사지 말아야 한다고 점검하는 것이 아니다. 하나님의 말씀이 가르치고 제시하는 선하고 옳은 것을 성령님의 도우심과 이끄심으로 당신의 삶에서 실행해야 하는 것으로 생각하라. 또한 그것이 바로 그리스도가 당신의 삶에서 기대하시는 목적이라고 생각하라.

지금도 그리스도는 당신 안에서 그 일을 이루어 가신다. 나아가 그것을 하나님의 가르침이라고 생각하라. 하나님은 당신의 끊임없는 간절한 기도를 통해서 당신과 인격적으로 깊이 만나기를 바라신다. 하나님은 당신이 그분을 찾기를 바라신다. 하나님의 은혜로 또한 하나님의 영광을 위해서 당신은 날마다 그것을 추구하고 실행해야 한다. 그리스도와 하나 됨을 이룬 채, 성령님과 더불어 한 걸음 한 걸음 나아가야 한다.

{ 더 깊은 묵상을 위한 질문 }

1. 우리가 싸움과 다툼의 원인을 제공할 때,
   우리는 그릇되게도 자기의 욕망을 하나님보다 더 높인다는 사실을 인정하라.

2. 다음 사실을 명심하라. 우리는 매우 악한 존재다.
   우리는 심지어 기도를 통해서도 어떤 이기적인 목적을 성취하려고 한다.
   우리는 자신과 자신이 원하는 것, 자기 만족을 위해서 기도한다.
   그때 우리의 신앙은 하나님이 아닌, 자기 자신을 경배하는 것으로 변질된다.

3. 영적인 간음자라는 별칭을 받아들이라.
   뉘우침과 회개를 통해서 그리스도 앞으로 나아오라.

4. 하나님은 겸손한 사람에게 은혜를 베푸신다는 사실을 굳게 믿으라.
   그리고 당신에게 하나님의 은혜가 꼭 필요함을 절실히 느끼고 인정하라.

5. 하나님의 은혜와 능력으로 죄와 싸우라.
   하나님에게서 은혜와 능력을 얻기 위해서 겸손히 그분께 나아가라.

6. 당신의 끔찍한 죄에 대해서 진정으로 슬퍼하며 애통하라.
   사랑과 자비의 하나님께 겸손히 나아오라.
   그리스도의 피로 당신의 마음과 손을 깨끗하게 씻으라.
   그리고 하나님의 지혜와 성령님의 능력으로 마귀와 그의 간계를 물리치라.

7. 사람에게 죄를 짓는 것은 하나님께 죄를 짓는 것임을 인정하라.

8. 하나님의 어떤 계명을 버리거나 어기는 행위는 하나님의 율법에 대해서
   자기 자신을 재판관으로 세우는 것이라는 사실을 인정하라.

9. 하나님은 우리의 미래를 계획하고 주관하시는 분이다.
   그러므로 하나님께 전혀 묻지 않은 채 스스로 자기의 미래 계획을 세운다면,
   그것은 일종의 교묘한 형태의 무신론에 해당한다.
   교만이 얼마나 쉽게 우리의 마음속에 파고들어서,
   모든 것에 교묘한 방법으로 부정적인 영향을 미치는지 숙고해 보라.

10. 당신의 삶과 미래는 전적으로 하나님의 손안에 있다는 사실을 숙고하라.
    그리고 그에 따라 말하고 행동하라.

11. 자기 자신을 의지하지 말라. 독립적이며 자기 만족적인 사람은
    절대 주권을 지니신 주 하나님에게서 영광을 가로챈다.
    또한 그는 자기 자신의 연약함과 유한성을 부인한다.

맺는말

　골로새서 2장 6-7절에서 사도 바울은 우리가 그리스도 안에 뿌리를 박고, 그분 안에서 세워져 간다고 말한다. 그리스도인으로서 맨 처음 경험하는 것은 우리가 그리스도 안에 뿌리를 내린다는 것이다. 그 후에 우리가 계속해서 경험하는 것은 그리스도 안에서 점점 더 굳게 세워져 간다는 것이다. 다시 말해서, 우리는 맨 처음의 경험에 근거해서 계속해서 성장해 간다. 여기서 바울은 나무나 화초를 가꾸는 데서 은유를 가져와 뿌리를 내린다고 표현한다. 또 어떤 집이나 구조물을 세운다는 은유를 사용해 점점 더 위로 굳게 세워져 간다고 표현한다. 이 두 가지 은유를 통해서 바울은 그리스도와 연결된 그리스도인의 칭의와 성화를 설명한다.
　칭의와 성화는 같은 개념이 아니다. 만약 두 개념을 동일시하면, 치명적인 부정적 결과가 빚어진다. 두 개념은 그리스도인으로서 삶의 시작과 전개 및 성장 과정을 구분해서 설명한다. 그리고 두 가지는 모두 그리스도와 뗄 수 없는 관계에 있다.
　야고보서 4장은 복음주의 신학의 가르침과 상당히 비슷한 패턴을 따른다. 곧, 당신은 당신의 죄를 깨닫고, 그것을 뉘우치며 회개한다. 그리고 당신은 그리스도 안에서 하나님에게서 은혜를 받기 위해서 그분께로 나아간다.

야고보서 4장을 읽고 그 의미를 이해한다면, 구원의 시작과 과정에 대한 모든 것을 진지하게 점검해 보아야겠다는 생각이 들 것이다. 당신은 당신 스스로 삶을 얼마나 뒤죽박죽으로 만들고 있는지 세밀하게 살펴보고 깨달아야 한다. 그 모든 것은 우상 숭배적인 당신의 가치관과 하나님을 무시하는 생활 방식으로부터 비롯되었음을 깨달아야 한다. 그리고 당신의 잘못을 인정해야 한다.

당신은 죄인이며, 영적인 간음자라는 사실을 받아들여야 한다. 그리고 그리스도 안에서 하나님의 은혜를 얻기 위해서 그분께로 나아가야 한다. 죄인들을 맞아 주시고 용서해 주시는 하나님 아버지를 신뢰하고 의지해야 한다. 즉 당신은 자신의 모든 죄와 잘못에 대해서 뉘우치고 애통하며, 진심으로 철저하게 회개해야 한다. 이 모든 메시지는 매우 복음적이다. 정말 그렇다!

앞서 언급한 모든 내용은 바울이 골로새서 2장 6-7절에서 말한 것을 반영한다. 그리스도인으로서 우리가 맨 처음에 거듭나는 경험(칭의)과 그 후에 영적인 성장 과정에서의 경험(성화)은 서로 매우 밀접하게 연결된다. 이에 대해서 간단히 설명해 보겠다.

맨 처음에 우리는 죄와 죽음에서 구원받기 위해서 우리의 구주이신 그리스도께 나아갔다. 그 후에도 우리는 계속해서 그리스도께 나아간다. 그렇다고 우리가 거듭남을 경험한 이후에 자신의 구원을 잃어버려서, 그리스도께 다시 나아가 또다시 새롭게 구원을 받아야 하는 것은 아니다. 우리는 단순히 날마다 죄와 싸우는 데 도움을 얻기 위해서 그리스도께 끊임없이 나아가는 것이다.

맨 처음에 우리는 그리스도께 나아가서 그분을 구주로 영접했다. 그래서 그리스도 안에서 우리의 죄와 죽음의 문제는 본질적으로 해결되었다. 그렇지만 우리는 그 이후에도 날마다 죄와 싸워야 한다. 하나님에게서 은혜와 능력을 얻기 위해서 날마다 그리스도께 나아가서 도움을 간청해야 한다.

이처럼 우리의 믿음의 뿌리는 언제나 그리스도 안에 박혀 있다. 또한 우리가 영적으로 계속해서 성장해 가는 과정도 그리스도와 매우 밀접하게 연결된다.

이 사실은 매우 놀랍다! 어떤 사람들은 종종 그리스도인으로서 자신의 영적 체험이 메말랐다고 느낀다. 그들은 영적으로 매우 목말라 한다. 심지어 이렇게 생각하기까지 한다. "구원의 기쁨이 영원할 거라고 기대하지 말았어야 했어. 세월이 많이 흘렀나. 그리스도에 대한 감격은 처음 믿은 젊은 시절에나 느끼는 것인가 봐."

이것은 매우 어리석은 생각이다! 언제부터 주님 안에서 기뻐하는 것이 단지 젊은 날의 추억인 것처럼, 당신에게 이미 지나간 일이 되었는가? 주님 안에서 항상 기뻐한다는 신비로운 진리 안에는 그렇게 할 수 있는 근거와 이유가 있다.

당신이 다음 진리를 기억하고 굳게 믿고 그 의미를 묵상한다면, 어떤 상황에서든지 또다시 기뻐할 수 있다. 곧, 그리스도 안에서 주어지는 하나님의 은혜는 모든 것을 이긴다. 당신의 죄는 이미 그리스도의 몸과 함께 십자가에 못 박혔다. 그분이 대속하여 죽으셔서 당신의 모든 죄는 영원히 용서받았다. 이제는 하나님 아버지가 그리스도 안에서 성령님을 통해서 당신에게 죄를 이길 수 있는 지혜와 능력을 공급해 주신다.

야고보서의 논의는 다음 전제에 기초한다. 곧 우리는 죄를 이기기 위해서 하나님의 능력을 기대해야 한다. 이는 너무 뻔한 말처럼 들릴 수도 있다. 그렇지만 사실상 영적인 측면에서 매우 혁명적인 사고다. 어떤 그리스도인이 하나님의 능력으로 죄를 이길 수 없다고 믿는다면, 또한 그가 하나님의 능력을 받아서 활용할 수 없다고 생각한다면 무슨 일이 일어나겠는가? 그리고 그가 그동안 수많은 실패를 경험해서 자기에게 더는 소망이 없다고 믿는다면 말이다.

그와 같은 생각이 영적인 독약처럼 당신의 머릿속에 스며든다면, 당신은 그리스도인의 삶에서 영적인 승리를 기대하지 못할 것이다. 그러면 당신은 윤리 기준과 가치관을 낮추고 당신의 잘못에 대해서 변명을 늘어놓을 것이다. 또한 당신은 하나님의 은혜로 살아간다고 말하지만, 그것을 실감하지 못할 것이다. 당신은 영적으로 점점 더 성숙해지고 거룩해지는 과정이 없이, 단순히 하나님이 당신을 구원해 주시기만을 기다릴 것이다.

그리스도인의 삶과 관련해서 다른 한 가지 접근 방법은 죄에 대해서 관용을 취한다. 그 방법은 죄의 용서와 사함을 위해서 하나님의 은혜가 필요하다는 관점을 받아들인다. 그러나 성화를 위해서 하나님의 은혜가 필요하다는 것을 인정하지 않는다. 이 견해는 하나님에게서 많은 것을 기대하지 않는다. 따라서 이 견해는 성경이 매우 명백하게 가르치는 진리, 곧 하나님은 그분의 자녀의 삶을 끊임없이 변화시켜 가신다는 진리를 부인한다.

성경의 가르침은 우리가 죄와의 싸움에서 실질적이며 큰 승리를 거둔다고 기대하게 한다. 그렇지만 이 세상에서 우리는 그 싸움에서 완벽한 승리를 거두지는 못한다. 그리고 영적으로 적극적인 투쟁을 하지 않으면, 우리는 어떤 승리도 거둘 수 없다(롬 8:13 참조).

당신은 죄에 대해 관용적인 자세를 취해서 하나님의 명예를 실추시켰는가? 당신은 하나님이 당신을 점점 더 거룩하게 만들어 가기 위해 끊임없이 은혜를 베푸신다는 사실을 믿지 않는가? 성화의 과정 없이 죄를 용서받을 것이라는 헛된 희망을 품은 채 당신의 양심을 짓누르고 있는가? 그렇다면 지금 복음의 약속으로 돌아오라. 성령 충만을 간절히 사모하고 전적으로 의존하라. 하나님의 은혜로 그분을 기쁘시게 하는 삶을 살라. 하나님의 영광을 위해서!

온갖 세속적인 사조가 널리 퍼진 우리 시대에 야고보서 4장과 같은 성경 본문은 가장 중요한 개선책과 해결책을 제시한다. 우리 시대는 도덕적으로 매우 부패했고 극도로 타락했다. 사람들은 대부분 거룩한 삶에 별로 관심이 없다. 그것을 추구하려고 애쓰지도 않는다. 그래서 그들은 수많은 싸움과 다툼, 논쟁과 온갖 종류의 악을 경험한다.

수많은 사람이 악의 큰 물결에 휩싸여서 허우적댄다. 이름만 그리스도인인 사람들은 삶이 지금과 달라져야 한다는 생각을 버렸다. 그렇지만 야고보서 4장은 그리스도인의 삶은 달라질 수 있고 점점 더 변화되어야 한다고 말한다. 우리도 이제 우리 삶이 달라지고 거룩해져야 한다고 외쳐야 한다.

매우 중요한 사실로서, 하나님 아버지는 우리가 그분의 아들 예수 그리스도와 하나 됨을 이루게 하셨다. 또한 그리스도의 사역과 기도 응답의 결과로, 성령님을 우리에게 보내 주셨다. 성령님은 우리의 삶이 거룩하게 변화될 수 있도록 그분의 능력으로 우리를 무장시키신다.

한편 하나님은 겸손한 사람들에게 은혜를 베푸신다. 하나님의 은혜로 우리는 죄악된 본성과 죄악된 습관을 극복할 수 있다. 따라서 우리는 하나님에게서 은혜를 받기 위해서 그분을 찾고 그분께 가까이 나아가야 한다.

우리가 사는 이 시대는 불신앙과 탐욕뿐만 아니라, 교만의 특성을 짙게 띤다. 이런 더러운 시궁창에서 더는 허우적대지 말고, 다시 하나님의 계획과 그에 따라 은혜로 약속하신 진귀한 것들을 기대하며 추구해야 한다. 우리는 그 약속을 믿어야 한다. 우리의 소망을 그 약속에 견고히 두어야 한다. 약속에 근거해서 우리의 가치관과 생활 방식을 형성하고 실행해 나가야 한다. 또한 그 약속으로 말미암아 하나님께 감사하며 하나님을 찬양해야 한다. 그리고 그리스도와 하나가 되어 하나님의 은혜와 성령님의 능력으로 날마다 그 약속에 부합되는 삶을 살아가야 한다.

부록 1

싸움과 다툼을 극복하도록 도와주는 성경 구절

마귀가 죄를 짓도록 우리를 미혹할 때, 우리는 하나님 말씀에서 그것에 대항할 무기를 꺼내 사용해야 한다. 그러기 위해서 우리는 마음속에 하나님의 말씀을 저장해야 한다. 그렇지만 단지 하나님의 말씀을 저장해 놓는 것만으로는 충분하지 않다.

그리스도께서는 마귀의 시험을 물리치기 위해서 구약 성경에서 가장 적합한 말씀을 인용해 대답하셨다(마 4:1-11). 그것은 전쟁터에서 보검을 휘두르는 것과 같다(엡 6:17). 마귀의 온갖 유혹을 물리치려면, 말씀을 잘 알아야 한다. 그래서 마귀에게 유혹을 받을 때, 가장 적합한 말씀을 제시해서 유혹을 물리쳐야 한다.

이제 그 싸움을 위한 성경 구절들을 소개한다. 이 구절들이 당신이 죄를 이기고 싸움과 다툼을 극복하는 데 도움을 줄 것이다.

어떤 구절은 특정한 죄악이 그릇되었다는 것을 지적하며, 그것을 피하게 한다. 또 어떤 구절은 하나님 안에서 소망을 제시하고, 복음에 수록된 약속의 말씀을 들려준다. 또 다른 구절은 성경에 제시된 기도의 모범에 따라서 우리가 어떻게 기도해야 하는지 가르쳐 준다.

당신이 이 세상에서 믿음의 선한 싸움을 할 때, 이 모든 성경 구절이 다양한 영적 무기를 공급해 줄 것이다.

- 교만에서는 다툼만 일어날 뿐이라 권면을 듣는 자는 지혜가 있느니라(잠 13:10).

- 너희 중에 싸움이 어디로부터 다툼이 어디로부터 나느냐 너희 지체 중에서 싸우는 정욕으로부터 나는 것이 아니냐(약 4:1).

- 칼로 찌름 같이 함부로 말하는 자가 있거니와 지혜로운 자의 혀는 양약과 같으니라(잠 12:18).

- 의인의 마음은 대답할 말을 깊이 생각하여도 악인의 입은 악을 쏟느니라(잠 15:28).

- 노하기를 더디 하는 것이 사람의 슬기요 허물을 용서하는 것이 자기의 영광이니라(잠 19:11).

- 화평하게 하는 자는 복이 있나니 그들이 하나님의 아들이라 일컬음을 받을 것임이요(마 5:9).

- 내 사랑하는 형제들아 너희가 알지니 사람마다 듣기는 속히 하고 말하기는 더디 하며 성내기도 더디 하라(약 1:19).

- 오직 위로부터 난 지혜는 첫째 성결하고 다음에 화평하고 관용하고 양순하며 긍휼과 선한 열매가 가득하고 편견과 거짓이 없나니 화평하게 하는 자들은 화평으로 심어 의의 열매를 거두느니라(약 3:17-18).

- 오직 성령의 열매는 사랑과 희락과 화평과 오래 참음과 자비와 양선과 충성과 온유와 절제니 이같은 것을 금지할 법이 없느니라(갈 5:22-23).

- 너는 그들로 하여금 … 모든 선한 일 행하기를 준비하게 하며 아무도 비방하지 말며 다투지 말며 관용하며 범사에 온유함을 모든 사람에게 나타낼 것을 기억하게 하라(딛 3:1-2).

- 주의 종은 마땅히 다투지 아니하고 모든 사람에 대하여 온유하며 가르치기를 잘하며 참으며(딤후 2:24).

- 내가 나의 마음에 죄악을 품었더라면 주께서 듣지 아니하시리라(시 66:18).

- 슬퍼하며 애통하며 울지어다 너희 웃음을 애통으로, 너희 즐거움을 근심으로 바꿀지어다(약 4:9).

- 이로써 우리도 듣던 날부터 너희를 위하여 기도하기를 그치지 아니하고 구하노니 너희로 하여금 모든 신령한 지혜와 총명에 하나님의 뜻을 아는 것으로 채우게 하시고 … 그의 영광의 힘을 따라 모든 능력으로 능하게 하시며 기쁨으로 모든 견딤과 오래 참음에 이르게 하시고(골 1:9, 11).

- 하나님이여 내 속에 정한 마음을 창조하시고 내 안에 정직한 영을 새롭게 하소서(시 51:10).

- 여호와여 내 입에 파수꾼을 세우시고 내 입술의 문을 지키소서(시 141:3).

- 죄가 너희를 주장하지 못하리니 이는 너희가 법 아래에 있지 아니하고 은혜 아래에 있음이라(롬 6:14).

- 그러나 더욱 큰 은혜를 주시나니 그러므로 일렀으되 하나님이 교만한 자를 물리치시고 겸손한 자에게 은혜를 주신다 하였느니라(약 4:6).

- 그가 이르되 날이 새려하니 나로 가게 하라 야곱이 이르되 당신이 내게 축복하지 아니하면 가게 하지 아니하겠나이다(창 32:26).

- 너희 안에서 행하시는 이는 하나님이시니 자기의 기쁘신 뜻을 위하여 너희에게 소원을 두고 행하게 하시나니(빌 2:13).

- 그런즉 너희가 먹든지 마시든지 무엇을 하든지 다 하나님의 영광을 위하여 하라(고전 10:31).

- 너희가 나를 사랑하면 나의 계명을 지키리라(요 14:15).

- 주 앞에서 낮추라 그리하면 주께서 너희를 높이시리라(약 4:10).

- 우리가 알거니와 하나님을 사랑하는 자 곧 그의 뜻대로 부르심을 입은 자들에게는 모든 것이 합력하여 선을 이루느니라(롬 8:28).

부록 2

복음 중심 갈등 해결 단계 적용하기

STEP 1. 인식하기
어떤 싸움/다툼/갈등 상황에 있는가?
누구와, 언제, 무엇 때문에 그랬는가?

STEP 2. 분석하기
원인은 무엇이라고 생각하는가?
상대방의 거친 언행 때문인가? 피치 못할 사정 때문인가?
원래 당신이 바란 것은 무엇이었는가?

STEP 3. 인정하기
1장을 다시 읽고 싸움/다툼/갈등의 원인을 당신에게서 한번 찾아보라.
혹시 마음속 죄의 성향이나 작은 욕심이 영향을 주진 않았는가?
원하는 것을 얻기 위해 잘못된 방법을 취하진 않았는가?
떠오르는 대로 적어 보라.

STEP 4. 회개하기
어떤 목적과 의도였든, 이기적인 마음을 품고 하나님의 말씀을 어기는 것은 죄다.
선하신 하나님은 우리가 죄에서 돌이켜 은혜로 나아오기를 원하신다.
싸움/다툼/갈등에 원인을 제공한 죄를 솔직히 고백하며 겸손히 회개하고
그리스도 안에서 피난처를 찾으라.

STEP 5. 감사하기
여전히 피난처가 되어 주시는 하나님의 은혜에 감사하며
그 목록을 적어 보라.
감사할 때, 성령님은 그분의 능력으로 당신을 무장시키셔서
싸움/다툼/갈등에 원인을 제공하는 생각 자체를 미워하도록 이끄실 것이다.

STEP 6. 기도하기
부록1에 실린 말씀 중 당신에게 필요한 말씀이 있다면 적어 보라.
그리고 하나님께 회개와 감사의 기도를,
싸움/다툼/갈등을 해결할 지혜와 능력을 구하는 기도를 적고 기도하라.

STEP 7. 실천하기
하나님께서 주신 마음은 무엇인가?
싸움/다툼/갈등을 해결하기 위해서 지금 바로 실천할 목록을 쓰고 행동하라.
진실로 겸손하게, 성실하게 실천했는지 피드백을 해 보라.

주

1) Thomas Manton의 다음 저서에서 발췌함. *James* (1693; repr., Edinburgh: Banner of Truth, 1988), 327.

2) 참조. Thomas Goodwin, *The Works of Thomas Goodwin* (Edinburgh: James Nichol, 1865), 10:60.

3) John Calvin, *Institutes of the Christian Religion*, ed. John T. McNeill, trans. Ford Lewis Battles (Philadelphia: Westminster Press, 1960), 1.2.1. ; 존 칼빈, 『기독교 강요』.

4) John Calvin, Calvin's Commentaries, vol. 22, *Commentaries on the Epistle of James* (Grand Rapids: Baker, 1999), 330.

5) J. C. Ryle, *Expository Thoughts on John* (1869; repr., Edinburgh: Banner of Truth, 1999), 2:389.

6) A. W. Tozer, *The Knowledge of the Holy* (New York: Harper & Row, 1975), 76.

7) John Flavel, *Keeping the Heart* (1667; repr., Morgan, Pa.: Soli Deo Gloria, 1998), 1.

8) John Flavel, "The Fountain of Life," in The Works of John Flavel (1820; repr., Edinburgh: Banner of Truth, 1982), 1:151

9) Juan de Avila, 다음 책에서 인용함. *Expositor's Greek Testament*, ed. W. Robertson Nicoll (repr., Peabody, Mass.: Hendrickson, 2002), 5:172

10) John Calvin, *Commentaries on the Epistle of James*, 334.

11) John Owen, *The Mortification of Sin* (1656; repr., Edinburgh: Banner of Truth, 2007), 3 ; 존 오웬, 『죄 죽이기』, CH북스, 2020.

12) John Calvin, *Commentaries on the Epistle of James*, 335

13) John Bunyan, *The Jerusalem Sinner Saved* (1688; repr., Edinburgh: Banner of Truth, 2005), 86

14) Augustus Toplady, "Rock of Ages, Cleft for Me."

15) Ralph Venning, *The Sinfulness of Sin* (1669; repr., Edinburgh: Banner of Truth, 1997), 35-36.

16) 위의 책, 31.

17) 위의 책, 32.

18) 다음 책에서 해당 내용이 다소 난해해서, 쉽게 풀어서 번역함(저자). Venning, *The Sinfulness of Sin*, 32.

19) John Owen, *The Mortification of Sin* (1656; repr., Edinburgh: Banner of Truth, 2007), 5 ; 존 오웬, 『죄 죽이기』, CH북스, 2020.

20) John Calvin, *Institutes of the Christian Religion*, ed. John T. McNeill, trans. Ford Lewis Battles (Philadelphia: Westminster Press, 1960), 1.1.3. ; 존 칼빈, 『기독교강요』.

21) Charles Spurgeon, *The New Park Street Pulpit* (1855; repr., Pasadena, Tex.: Pilgrim Publications, 1990), 1:1.

사명선언문

너희가 흠이 없고 순전하여……세상에서 그들 가운데 빛들로
나타내며 생명의 말씀을 밝혀 _ 빌 2:15-16

1. 생명을 담겠습니다
만드는 책에 주님 주신 생명을 담겠습니다.
그 책으로 복음을 선포하겠습니다.

2. 말씀을 밝히겠습니다
생명의 근본은 말씀입니다.
말씀을 밝혀 성도와 교회의 성장을 돕겠습니다.

3. 빛이 되겠습니다
시대와 영혼의 어두움을 밝혀 주님 앞으로 이끄는
빛이 되는 책을 만들겠습니다.

4. 순전히 행하겠습니다
책을 만들고 전하는 일과 경영하는 일에 부끄러움이 없는
정직함으로 행하겠습니다.

5. 끝까지 전파하겠습니다
모든 사람에게, 땅 끝까지, 주님 오시는 그날까지
복음을 전하는 사명을 다하겠습니다.

서점 안내

광화문점 서울시 종로구 새문안로 69 구세군회관 1층
02)737-2288 / 02)737-4623(F)

강남점 서울시 서초구 신반포로 177 반포쇼핑타운 3동 2층
02)595-1211 / 02)595-3549(F)

구로점 서울시 동작구 시흥대로 602, 3층 302호
02)858-8744 / 02)838-0653(F)

노원점 서울시 노원구 동일로 1366 삼봉빌딩 지하 1층
02)938-7979 / 02)3391-6169(F)

일산점 경기도 고양시 일산서구 중앙로 1391 레이크타운 지하 1층
031)916-8787 / 031)916-8788(F)

의정부점 경기도 의정부시 청사로47번길 12 성산타워 3층
031)845-0600 / 031)852-6930(F)

인터넷서점 www.lifebook.co.kr